W0407033

Bruno Maccallini

Für die italienischen Momente in der Küche

85 Familienrezepte

Bruno Maccallini

Für die italienischen Momente in der Küche

85 Familienrezepte

Fotos Cettina Vicenzino

CHRISTIAN

Unser Verlagsprogramm finden Sie unter
www.christian-verlag.de

Idee und Konzept: Florentine Schwabbauer
Produktmanagement: Florentine Schwabbauer, Annemarie Heinel
Redaktion: Florentine Schwabbauer
Korrektur: Petra Tröger
Bildredaktion: Cettina Vicenzino
Layout und Satz: Cettina Vicenzino
Repro: Repro Ludwig, Zell am See
Umschlaggestaltung: Eva M. Salzgeber
Herstellung: Bettina Schippel

Text: Bruno Maccallini
Rezepte und Rezeptzubereitung: Bruno Maccallini unter Mitwirkung von Jutta, Antonella & Sergio, Franca & Alvia, Marco, Fulvio, Frank, Florentine und Oliver
Fotografie und Styling: Cettina Vicenzino,
www.cettinavicenzino.com

Gesamtherstellung Verlagshaus GeraNova Bruckmann GmbH

Die Deutsche Nationalbibliothek verzeichnet diese Publikation in der Deutschen Nationalbibliografie; detaillierte bibliografische Daten sind im Internet über http://dnb.d-nb.de abrufbar.

© 2013 Christian Verlag GmbH, München
Alle Rechte vorbehalten.

ISBN 978-3-86244-257-7

Alle Angaben in diesem Werk wurden vom Autor sorgfältig recherchiert und auf den aktuellen Stand gebracht sowie vom Verlag geprüft. Für die Richtigkeit der Angaben kann jedoch keinerlei Haftung übernommen werden. Für Hinweise und Anregungen sind wir jederzeit dankbar. Bitte richten Sie diese an:
Christian Verlag
Postfach 400209
80702 München
E-Mail: lektorat@verlagshaus.de

Wer hat Sardinien gegessen?!
fehlt ?

Inhalt

Vorwort

Von Frank A. Diederichs

Ich habe Bruno Maccallini vor bald zwanzig Jahren kennengelernt. Im Laufe unserer Geschäftsbeziehung sind wir Freunde geworden. Er ist charmant, humorvoll, hat Stil und strahlt immer eine herzliche Freundlichkeit aus. Er ist genau so, wie wir uns die Menschen in unserem Traumurlaubsland wünschen. Bruno Maccallini ist für uns Deutsche der idealtypische Italiener.

Wir lieben Italien für die Mode, die schönen sportlichen Autos, das berühmte Design, die Kunst und Kulturdenkmäler der römischen Geschichte, die traumhaften Strände und das sonnige Wetter mit ewig blauem Himmel. Und natürlich lieben wir das fantastische Essen! Die Italiener haben die besten Antipasti, Pasta in unzähligen Variationen, zarte Fleischgerichte, den fangfrischen Fisch, ihre Dolce und ihr Gelato. Die Sehnsucht nach dem wohl „schönsten Land der Welt" lässt uns selbst zu Italienern werden. In deutschen Cafés gehören Espresso, Cappuccino, Latte Macchiato oder Sprizz zum alltäglichen Genuss.

Auch ich fühle mich schon immer zu Italien hingezogen. Mein bester Jugendfreund ist aus Rovereto im Trentino und ich hatte das Glück, bei ihm zu Hause das lebendige Treiben der Großfamilie mitzuerleben. Hier war immer etwas los. Mir gefiel alles, die fröhliche Musik, die selbstverständliche Gastfreundschaft und … Spaghetti, die gab es für jeden Gast sowieso. Ob schnell über den Brenner an den Gardasee, nur für ein Wochenende, oder zum Schlemmen und Weingüterbesuch in die Toskana. Italien fühlt sich immer wie Urlaub an.

Bruno liebt es, mit Freunden zu essen, einen guten Wein zu trinken und dabei die „italienischen Momente" zu genießen. Es ist mir eine Freude, mit ihm in der Küche zu stehen und als sehr ambitionierter Hobby-Koch mit ihm entspannt eine leckere Pasta zu kochen. Dazu einen guten Wein aus der Toskana oder dem Piemont. Was gibt es Schöneres? In solchen Momenten fallen uns übrigens auch die besten neuen Projekte ein.

Dieses sehr persönliche Kochbuch von Bruno ist etwas ganz Spezielles. Sie werden mit Bruno Spaß haben, mit seinen Freunden und Familienmitgliedern kochen und ganz nebenbei noch ihre Lieblings-Familienrezepte erfahren. Ich bin mir sicher, diese gute Stimmung kommt aus dem Buch auch in Ihre Küche!

Genießen Sie mit diesem Kochbuch viele „italienische Momente".

Ihr

Frank A. Diederichs

Einführung

Das prasselnde Geräusch und der Duft von in Öl frittiertem Gebäck weckten mich und sofort sprang ich aus dem Bett und lief in die Küche, um mich zu vergewissern, dass es kein Traum war: Auf dem mit Mehl bestäubten Tisch rollte sie einen Teig herzförmig aus, von dem sie dann kleine Stückchen abschnitt und mit den Fingerkuppen formte: „Komm, reich dem Genuss die Hand und lass dich von ihm durchs Leben führen."

Mit dieser Kindheitserinnerung und den Worten meiner Mutter möchte ich beginnen, liebe Leser. Lassen Sie sich von Ihren Sinnen durch dieses Buch begleiten und entdecken Sie dabei das Beste, was es im schönsten Land der Welt von der Lombardei bis hinunter nach Sizilien zu kosten gibt.

Dieses Kochbuch entstand während des letzten Sommers, den ich zusammen mit Freunden und Verwandten mitten auf dem Land in der Emilia Romagna verbrachte. Die Liebe zum Essen und die Freude daran, Zeit füreinander zu haben, hat uns zusammengeführt. Zwei wichtige Vorlieben, die ich von meiner Mutter übernommen habe. Beim gemeinsamen Kochen haben wir höchst vergnügliche und unvergessliche Momente erlebt. Denn genau das bedeutet für mich „Kochen": zusammen sein und Erinnerungen, Gefühle und Erlebnisse teilen. Küche und Erinnerungen – zwei Worte, die wunderbar zusammenpassen.

Der eine liebt Auberginenbällchen, wie sie seine Tante immer gemacht hat, wer anders mag die Nudeln mit dem schönen Namen „Pfaffenwürger" der Großmutter lieber ...

Kulinarische Moden kommen und gehen, aber die sprichwörtliche Leidenschaft der Italiener für das traditionelle gemeinsame Essen in der Familie und mit Freunden wird dafür sorgen, dass wir nie unser gastronomisches Erbe vergessen. Denn in jedem von uns kommt doch immer wieder mal etwas Oma hoch, aus der Zeit, als es noch keine so komplizierten Dinge gab wie Sushi oder Nouvelle Cuisine, sondern schlicht und ergreifend köstliche Hausmannskost wie Lasagne, Lammkeule oder Apfelkuchen.

Weil ich viele Rezepte mit unterschiedlichen Gesichtern verbinde, habe ich zu jedem von ihnen Erinnerungen gesammelt, Gedanken, Eindrücke und sie in kurzen Texten zusammengefasst. Und die einzelnen Gänge eines Essens – Antipasti, Primi, Secondi, Cotorni oder Gemüsebeilagen, Nachspeisen – habe ich beschrieben, indem ich mich an Ereignisse und Gefühle aus meiner Jugend zurückerinnerte.

Die Fotos von Cettina Vicenzino haben die Geschichten nicht durch Filter oder Spezialeffekte verfremdet. Ganz im Gegenteil. Jedes Bild, das Sie sehen, jede Nuance, ist einzig der Schönheit des Ortes, dem Zusammenspiel von Licht und Farben und der Stimmung zu verdanken, die in dem Moment ihre Hand führte. Das Haus ist erfüllt von Wohlgerüchen, die Saucen brodeln in den Töpfen, die Platten mit den Vorspeisen und die Schüsseln mit dem Dessert sind mit Tüchern abgedeckt, um die Fliegen abzuhalten. Meine Freunde eilen unermüdlich zwischen dem Herd und dem Garten hin und her, es ist ein ständiges Kommen und Gehen. Plötzlich ruft jemand den alles entscheidenden Satz: „Zu Tisch! Essen ist fertig!" Ist das nicht einer von jenen Momenten, in denen man das Glück mit Händen greifen kann?

Viel Vergnügen und buon appetito!

Ihr Bruno Maccallini

Bevor es losgeht …

… noch ein paar Hinweise. In den meisten Kochbüchern zur italienischen Küche erfährt man, dass es die italienische Küche nicht gibt, sondern jeweils die Küche der einzelnen Regionen. Ich würde sogar noch ein wenig weitergehen und behaupten, dass dasselbe Gericht immer wieder ein bisschen anders schmecken kann. Für dieses Kochbuch haben wir uns bemüht, alle italienischen Regionen auf den Tisch zu bringen; dafür haben allein schon meine Freunde gesorgt, die nicht nur ihre Heimat, sondern auch ihre persönlichen Vorlieben und Familienfavoriten in die Rezepte haben einfließen lassen. Aber ganz grob kann man sagen, dass es in Italien eine Olivenöl-Butter-Grenze gibt. Also, wenn ein Rezept Butter verlangt, können Sie davon ausgehen, dass es definitiv nicht aus Sizilien stammt, sondern aus Norditalien. Das gilt natürlich nicht für Antonellas süßen Apfelkuchen (der kommt aus Rom).

Und noch ein guter Rat zum Schluss: Verwenden Sie immer nur erntefrische, gute Zutaten. Ein Pasta-Gericht beispielsweise ist nur so gut wie die Pasta selbst. Und über selbst gemachte Pasta geht gar nichts! Aus diesem Grunde geben wir Ihnen in diesem Kochbuch die Grundrezepte für die Grundpfeiler der italienischen Küche: Brunos PPP – Pasta, Pizza und Polenta, und Risotto und Gnocchi … und was mir sonst noch gut schmeckt.

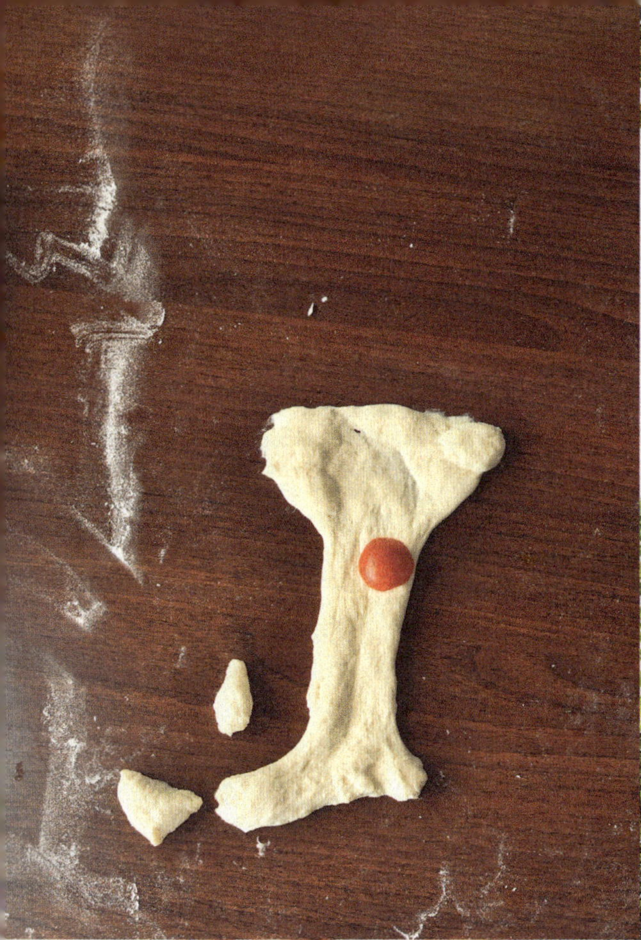

Antipasti VORSPEISEN

Die Tradition des Antipasto stammt aus Italien und wird dort auf allen Ebenen der Kochkunst von der Edelgastronomie bis zur gutbürgerlichen Küche zelebriert. Antipasti all'italiana haben unsere Küche in der ganzen Welt berühmt gemacht. Mein Vater, der ein leidenschaftlicher Liebhaber der lateinischen Sprache war, hat mich einmal darauf hingewiesen, dass man korrekterweise Antepasto sagen müsste (also „vor" dem „Essen", während anti gegen bedeutet). Er war der Ansicht, wir müssten allen Restaurants misstrauen (das wären dann 99,99%), wo auf der Speisekarte Antipasto steht: „Von wegen Appetitanreger, das ist doch eine Aufforderung, überhaupt nichts zu essen!"

Dabei haben wir Italiener die Antipasti doch nur aus einem Grunde „erfunden", weil wir es nicht erwarten können, bis es mit dem Essen losgeht … Ich muss da gleich an die frittierten Zucchini- oder Kürbisblüten von meiner Freundin Franca denken! Mmmmmmmh! Allein schon wenn ich darüber erzähle, läuft mir das Wasser im Mund zusammen. Sie putzt sie gründlich, dann taucht sie sie in einen Teig und bäckt sie schließlich in siedendem Öl aus. Einfacher geht es wohl nicht! Wer meint, er müsse sich vornehm gebärden, der esse sie gern ordentlich eine nach der anderen mit der Gabel, ich dagegen, der ich immer noch unter den Nachwirkungen der Barbareninvasion während der Völkerwanderung leide, esse sie lieber aus der Hand. Ich pfeif auf jegliche Etikette und nehme höchstens noch eine Papierserviette dazu. Denn das einfache Essen ist ja gerade das Schöne an den Antipasti!

Bruschetta con melanzane e pomodorini

Bruschetta mit Auberginen und Tomaten

Für 6 Stück

6 reife Eiertomaten
Salz
1 Handvoll Basilikumblätter, gehackt
6 EL Olivenöl extra vergine
2 Knoblauchzehen, Keim entfernt, gehackt
frisch gemahlener Pfeffer
2 längliche Auberginen
1 TL Zucker
6 große Scheiben italienisches Bauernbrot, etwa 1 cm dick

Zubereitung: ca. 1 Stunde und 20 Minuten (inklusive Abtropfzeit)

Die Tomaten in kochendem Wasser ca. 2 Minuten blanchieren, häuten und hacken. In einem Sieb mit Salz und Zucker bestreuen und etwa 1 Stunde abtropfen lassen. In einer Schüssel mit dem Basilikum, 2 EL Öl, Knoblauch und Pfeffer nach Geschmack vermischen. Die Auberginen von den Enden befreien, längs in Scheiben schneiden und auf beiden Seiten mit 2 EL Olivenöl bestreichen. In einer Grillpfanne die Auberginen von beiden Seiten etwa 3 Minuten braten, bis sie ganz weich sind, danach leicht salzen. Unterdessen den Ofen auf 180 °C vorheizen.

Das Brot auf einem Backblech in etwa 5 Minuten goldbraun rösten, dabei einmal wenden. Mit dem restlichen Öl bestreichen, mit den Auberginenscheiben belegen und die Tomaten darauf verteilen. Nochmals einige Minuten im Ofen durchwärmen und sogleich servieren.

Crostini con purè di fave
Crostini mit Püree von Dicken Bohnen

Für 6 Stück

250 g getrocknete Dicke Bohnen (möglichst ohne braune Haut), über Nacht in kaltem Wasser eingeweicht
Meersalz
kräftige Prise Fenchelsamen
4 EL Olivenöl extra vergine, plus etwas mehr zum Servieren
6 Scheiben kerniges Weißbrot (Pane toscano), je gut 1 cm dick
1 Knoblauchzehe

Zubereitung: 3 Stunden (inklusive Kochzeit der Dicken Bohnen)

Die eingeweichten Bohnen in einem Sieb abtropfen lassen. Falls die braune Haut noch nicht entfernt ist, jetzt entfernen. Anschließend mit 1,2 l kaltem Wasser und ¼ TL Salz in einen schweren Topf geben und zum Kochen bringen. Die Bohnen anschließend bei reduzierter Hitze ohne Deckel etwa 2 ½ Stunden garen, bis sie zerfallen. Dabei gelegentlich umrühren und die Temperatur so regulieren, dass die Bohnen nur köcheln. Falls sie am Topfboden ansetzen, weiteres Wasser hinzufügen. Die Bohnen durch den groben Einsatz eines Passiergerätes drücken oder etwas abkühlen lassen und im Mixer grob pürieren. Ein wenig von dem Kochwasser nachgießen, falls das Püree zu dick ist.

Das Püree wieder in den Topf füllen. Die Fenchelsamen und 2 EL Olivenöl dazugeben und das Püree 30 Minuten unter häufigem Rühren köcheln lassen, bis es eingedickt, aber noch immer geschmeidig ist. Mit Salz abschmecken.

Die Brotscheiben quer in 2 oder 3 Stücke schneiden. In einer beschichteten Pfanne die restlichen 2 EL Olivenöl erhitzen und die Brotscheiben darin von beiden Seiten goldbraun rösten. Man kann die Brotscheiben auch unter dem Elektrogrill rösten. Solange sie noch heiß sind, auf einer Seite mit dem Knoblauch einreiben. Das warme Bohnenpüree mit einem Löffel auf den Brotstücken verteilen und die Crostini sogleich servieren. Weiteres Olivenöl zum Beträufeln in einer kleinen Karaffe dazu reichen.

Bruschetta con fagioli

Bruschetta mit weißen Bohnen

Für 6 Stück

200 g getrocknete Cannellini-Bohnen
einige frische Salbeiblätter
4 EL Olivenöl extra vergine
6 große Scheiben italienisches Bauernbrot, je etwa 1 cm dick
2 Knoblauchzehen
Salz und frisch gemahlener Pfeffer

Zubereitung: ca. 3 Stunden (inklusive Kochzeit der Bohnen)

Die Bohnen in einer Schüssel mit Wasser bedecken und über Nacht einweichen.

Den Backofen auf 180 °C vorheizen. Die Bohnen abgießen und mit dem Salbei sowie 1 EL Olivenöl in eine ofenfeste Kasserolle geben. Etwa 1 cm hoch mit Wasser bedecken und auf dem Herd im verschlossenen Topf aufkochen lassen. Danach die Bohnen im Ofen etwa 3 Stunden leise köcheln lassen, bis sie die Konsistenz einer dicken Suppe annehmen.

Das Brot auf einem Backblech im Ofen in etwa 5 Minuten goldbraun rösten, dabei die Scheiben einmal wenden. Mit dem Knoblauch einreiben und portionsweise anrichten. Die Bohnen auf den Brotscheiben verteilen, nach Geschmack salzen und pfeffern und mit dem restlichen Öl beträufeln. Sehr heiß servieren.

Die Zubereitungszeit kann man selbstverständlich erheblich verkürzen, wenn man bereits gekochte Cannellini-Bohnen aus der Dose verwendet, die gibt es auch in sehr guter Qualität. Dann muss man lediglich den Salbei und das Olivenöl mit den Bohnen „verkochen".

Salvia fritta

Frittierte Salbeiblätter

Ergibt 20 Stück

1 großes Ei
60 ml Wasser
Salz
75 g Mehl
Pflanzenöl zum Frittieren
20 Salbeiblätter

Zubereitung: 30 Minuten

Das Ei mit dem Wasser und Salz nach Geschmack verquirlen. Das Mehl in eine Schüssel geben und nach und nach die Eimischung einlaufen lassen, dabei ständig mit dem Schneebesen schlagen, bis ein cremiger Backteig entsteht.

In einer tiefen Pfanne reichlich Öl stark erhitzen – die Temperatur ist erreicht, wenn ein Brotwürfel in 1 Minute eine goldbraune Farbe annimmt. Die Salbeiblätter durch den Backteig ziehen und in etwa 2 Minuten knusprig und goldbraun frittieren. Mit einer Schaumkelle aus dem Öl nehmen und auf Küchenpapier abtropfen lassen. Auf einer Platte anrichten und sofort heiß servieren.

In Olivenöl gebratene Salbeiblätter – ohne Ausbackteig – schmecken auch gut!

Peperoni alla fiamma in agrodolce
Eingelegte Paprikaschoten

Pro kg Paprikaschoten (rote oder gelbe), in geputztem Zustand je:

knapp 500 ml Wasser
8 EL Zitronensaft
15 g Salz, 1 TL Zucker
4 Lorbeerblätter
schwarze Pfefferkörner
4–6 Knoblauchzehen, Keim entfernt
Olivenöl

Zubereitung: 1 ½ Stunden

Die gewaschenen und abgetrockneten Paprikaschoten entweder über der Gasflamme oder im sehr heißen Ofen rösten, bis die Haut platzt. Die Haut abziehen, die Schoten halbieren, den Stiel, die Samenkerne und die weißen Rippen entfernen. Die Schoten in etwa 2 cm breite Längsstreifen schneiden und wiegen, um die anderen Zutaten entsprechend dosieren zu können. Für die Salzlösung in einer Schüssel Wasser, Zitronensaft, Salz und Zucker verrühren und in einem Topf 5 Minuten kochen lassen. In die Schüssel zurückgeben und abkühlen lassen. Die Paprikaschoten senkrecht in die Einkochgläser (mit Schraubverschluss) füllen, dabei bis zum Glasrand zwei Fingerbreit frei lassen. Zwischen den Paprikastreifen die Lorbeerblätter, die Pfefferkörner und die geschälten und halbierten Knoblauchzehen verteilen. Mit der Salzlösung aufgießen; die Paprikaschoten sollen vollkommen bedeckt sein. Die Gläser leicht schütteln, damit sich keine Luftblasen bilden. Mit einer etwa 1 cm dicken Schicht Olivenöl bedecken und die Schraubverschlüsse fest anziehen.

Zum Sterilisieren auf den Boden eines großen Topfes eine dicke Lage gefaltetes Zeitungspapier oder Tücher legen und darauf die Gläser stellen; die Zwischenräume ebenfalls mit Papier oder Tüchern ausfüllen, damit die Gläser sich nicht berühren und nicht an die Topfwand schlagen. So viel Wasser in den Topf füllen, dass die Gläser zu drei Vierteln bedeckt sind, und 35 Minuten kochen lassen (für ein 1-kg-Glas muss man 50 Minuten Kochzeit rechnen). Die Gläser im Wasser abkühlen lassen, dann herausnehmen und abtrocknen; kühl und trocken lagern. Sie können die Gläser auch in einem Dampfkochtopf sterilisieren – richten Sie sich dann genau nach der jeweiligen Anleitung für Gemüsesterilisation.

Pappa col pomodoro

Toskanische Tomatensuppe

Für 4 Personen

1 kg reife Tomaten
350 g altbackenes Brot, in Scheiben geschnitten
1 kleines Glas sehr gutes Olivenöl (extra vergine)
1 ½ l Fleischbrühe
5 Knoblauchzehen, Keim entfernt
1 Bund frisches Basilikum, Blätter abzupfen, Stängel nicht wegwerfen
Salz und frisch gemahlener Pfeffer

Zubereitung: ca. 1 Stunde

Die Tomaten gründlich waschen und häuten, halbieren. Klein schneiden und in einem Topf unter gelegentlichem Umrühren in 10–15 Minuten einkochen lassen. In einem zweiten, größeren Topf die Brühe zum Kochen bringen. In der Zwischenzeit die Brotscheiben rösten. Sobald die Brühe kocht, die Brotscheiben hineingeben und einige Minuten aufweichen lassen. Die Tomaten durch ein Sieb streichen und ebenfalls zu der Brühe geben. Die sehr fein gehackten Knoblauchzehen, Salz und Pfeffer, die Basilikumstängel ohne die Blätter und die Hälfte des Olivenöls hinzufügen.

Alles vorsichtig miteinander vermischen und etwa 30 Minuten bei schwacher Hitze kochen lassen, bis die Suppe dicklich wird. Die Basilikumstängel herausnehmen und die Suppe in eine Servierschüssel oder in einzelne vorgewärmte Suppentassen umfüllen. An jede Portion nochmals etwas frisch gemahlenen Pfeffer und ein wenig Olivenöl geben. Die frischen Basilikumblätter darüber verteilen und die Tomatensuppe sehr heiß servieren.

Zuppa di fagioli alla fiorentina
Florentinische Bohnensuppe

Für 4 Personen

2 Zwiebeln
5 Knoblauchzehen, Keim entfernt
Olivenöl
2 Karotten
2 Stangen Bleichsellerie
1 Tomate
1 kg frische braune Bohnenkerne
(ersatzweise 500 g getrocknete weiße oder braune Bohnenkerne, am Vortag eingeweicht)
1 Schinkenknochen oder Suppenfleisch mit Knochen, nach Belieben
1 Würfel Fleischbrühe
300 g Wirsingblätter
Salz, Pfeffer
1 Zweig frischer Rosmarin
1 Zweig frischer Thymian
4 Scheiben altbackenes Brot
reichlich frisch geriebener Parmesan

Zubereitungszeit: ca. 1 Stunde und 40 Minuten

Die Zwiebeln und eine Knoblauchzehe fein hacken und in einem Topf in 4 EL Öl bei schwacher Hitze glasig werden lassen. Das Gemüse putzen, waschen und klein schneiden, die Tomate häuten und vierteln. Die Gemüse zu den Zwiebeln geben und kurz andünsten. Dann den Schinkenknochen (oder das Suppenfleisch) und die Bohnenkerne dazugeben. Mit knapp 2 l Wasser bedecken, den Brühwürfel hinzufügen und die Suppe im geschlossenen Topf auf kleinster Flamme 1 Stunde köcheln lassen. Hin und wieder umrühren. Den Schinkenknochen entfernen. Die Suppe salzen, pfeffern und den grob zerkleinerten Wirsing weitere 15 Minuten bei schwacher Hitze mitköcheln lassen. In einer Pfanne den Rosmarin- und den Thymianzweig und 3 zerdrückte Knoblauchzehen in 4 EL Öl kurz anbraten. Das nach Kräutern und Knoblauch duftende Bratöl durch ein Sieb an die Suppe geben. Die Brotscheiben mit Knoblauch einreiben, im Ofen oder im Toaster rösten, in Suppenteller verteilen und mit der kochend heißen Suppe übergießen. Mit reichlich frisch geriebenem Parmesan bestreuen. Sofort servieren.

Wer will, kann die Suppe auch pürieren, bevor der Kohl dazugegeben wird. Dafür eine Schöpfkelle voll Bohnen beiseitestellen. Den Rest der Suppe im Mixer pürieren und in den Topf zurückgeben. Die beiseitegestellten Bohnen und die in Stücke geschnittenen Kohlblätter hinzufügen und für 15 Minuten mitköcheln lassen. Danach das aromatisierte Öl zur Suppe geben und weiter verfahren, wie oben beschrieben.

Zuppa di borlotti e farro
Bohnensuppe mit Dinkel

Für 4–6 Personen

160 g Dinkelkörner (Farro)
500 g frische Borlotti-Bohnen (rund 200 g gepalt) oder 100 g getrocknete, 24 Stunden eingeweicht
2 EL Olivenöl
1 Karotte, fein gehackt
1 weiße Zwiebel, fein gehackt
1 rote Zwiebel, fein gehackt
1 kleine rote Paprikaschote, die Samen entfernt, fein gehackt
1 Stange Bleichsellerie, fein gehackt
3 Knoblauchzehen, Keim entfernt, zerdrückt
1 EL Tomatenmark

Zum Abschmecken:
2 EL Olivenöl extra vergine, plus etwas mehr zum Abrunden
1 kleines Bund Salbei
1 EL gehackte Rosmarinnadeln
Salz und frisch gemahlener Pfeffer

Zubereitung: ca. 1 Stunde plus Kochzeit der Bohnen

Dinkelkörner in mindestens der doppelten Menge kaltem Wasser einweichen und über Nacht stehen lassen. Bohnen (gegebenenfalls eingeweichte Bohnen abgießen) in kochendes Wasser geben und gar kochen (das dauert je nach Frische zwischen 1 und 2 Stunden). Etwas Olivenöl in einem kleinen Topf erhitzen und Karotte, beide Zwiebeln, Paprika, Sellerie und zerdrückte Knoblauchzehen zufügen. 5–10 Minuten dünsten, bis das Gemüse weich, aber nicht angebräunt ist. Das Tomatenmark und drei Viertel der abgetropften gekochten Bohnen zufügen (den Rest beiseitestellen) und 20 Minuten weiterkochen. In einen Mixer füllen und glatt pürieren. Erst jetzt mit Salz abschmecken.

Wieder auf den Herd stellen, 500 ml Kochflüssigkeit der Bohnen zufügen (gegebenenfalls etwas mehr) und das Bohnenpüree wieder zum Kochen bringen.

Dinkel abtropfen lassen und zum Püree geben. Die Hitze reduzieren und etwa 30 Minuten unter ständigem Rühren kochen. Dinkel setzt rasch am Topfboden an und dickt die Suppe ein, daher gegebenenfalls Wasser nachgießen. Ist der Dinkel gar, hat er die doppelte Größe eines Risottoreiskorns und ist sehr weich. Die beiseitegestellten Bohnen zufügen, die Suppe abschmecken, mit etwas Olivenöl extra vergine beträufeln, mit gehackten Rosmarin- und Salbeiblättern bestreuen, schwarzen Pfeffer darübermahlen und servieren.

Zuppa di ceci e pancetta

Kichererbsensuppe mit Pancetta

Für 4–6 Personen

1 Karotte, fein gehackt
1 weiße Zwiebel, fein gehackt
1 rote Zwiebel, fein gehackt
1 Stange Bleichsellerie, fein gehackt
150 g Pancetta, in Streifen geschnitten
1 EL Tomatenmark
Rosmarin- und Salbeiblätter zum Garnieren, gehackt
Salz und frisch gemahlener Pfeffer

Für die Kichererbsen:
250 g getrocknete Kichererbsen
1 Stange Bleichsellerie
4 Knoblauchzehen, zerdrückt
1 Zweig Rosmarin
1 kleines Bund Salbei
2 Lorbeerblätter
1 EL Olivenöl extra vergine, plus etwas mehr zum Anbraten und Abrunden

Zubereitung: ca. 2 Stunden

Kichererbsen in mindestens der doppelten Menge kaltem Wasser einweichen und über Nacht stehen lassen.

Kichererbsen abtropfen lassen und mit Sellerie und Knoblauch in einen großen Topf geben. Die Kräuter zu einem Bouquet garni zusammenbinden und hineingeben, ebenso das Olivenöl und die doppelte Kichererbsenmenge an Wasser. Deckel aufsetzen und zum Kochen bringen, dann die Hitze reduzieren und etwa 1 ½ Stunden köcheln lassen, dabei gegebenenfalls Wasser nachgießen. Vom Herd nehmen und beiseitestellen.

Etwas Olivenöl in einem kleinen Topf erhitzen und Karotte, beide Zwiebeln, Sellerie und die Hälfte der Pancetta zufügen. Alles 5–10 Minuten braten, bis das Gemüse weich, aber nicht angebräunt ist. Das Tomatenmark und drei Viertel der gekochten Kichererbsen zufügen (den Rest beiseitestellen) und 10 Minuten weiterkochen.

In einem Mixer glatt pürieren. Wieder auf den Herd stellen und so viel Kochflüssigkeit der Kichererbsen zugießen, bis das Ganze die Konsistenz einer Suppe hat (gegebenenfalls mit Wasser auffüllen). Erneut zum Kochen bringen und die beiseitegestellten Kichererbsen zufügen. Kurz vor dem Servieren eine kleine Bratpfanne ohne Öl erhitzen und die restliche Pancetta darin sanft goldbraun braten (nach Belieben auch kross). Auf Küchenpapier abtropfen lassen. Die Suppe abschmecken und mit etwas Olivenöl beträufeln. Mit gehackten Rosmarin- und Salbeiblättern, frisch gemahlenem schwarzem Pfeffer und der gebratenen Pancetta servieren.

Fiori di zucca
Ausgebackene Kürbisblüten

Für 4 Personen

50 g Butter
75 g Mehl
knapp 250 ml Milch
Salz
1 Eiweiß
ca. 30 Kürbisblüten oder Zucchiniblüten
Pflanzenöl zum Ausbacken

Zubereitung: ca. 1 Stunde

In einem Töpfchen die Butter zerlassen und in eine Schüssel geben. Unter ständigem Rühren mit dem Schneebesen das Mehl durch ein Sieb hinzufügen. (Falls der Teig zu fest wird, schon jetzt mit etwas Milch verdünnen.) Nach und nach unter fortwährendem Rühren die Milch dazugeben, bis ein dickflüssiger Teig entsteht. Etwas salzen und zugedeckt ruhen lassen. Inzwischen die Staubgefäße aus den Kürbisblüten entfernen und, falls vorhanden, die Stiele abschneiden. Die Blüten innen und außen kurz waschen und trocken tupfen.

Das Eiweiß sehr steif schlagen und erst unmittelbar vor dem Frittieren vorsichtig unter den Teig heben. Die Kürbisblüten darin wenden, abtropfen lassen und – nicht zu viele auf einmal – in siedendem Öl (möglichst in einem Frittiertopf mit Einsatz) goldbraun ausbacken. Herausnehmen, abtropfen lassen, auf Küchenpapier entfetten und warm stellen, bis alle Blüten ausgebacken sind.

Auf einem vorgewärmten Servierteller hübsch anordnen und sofort servieren.

Bresaola al carpaccio

Bresaola mit Grana padano und marinierten Pilzen

Für 6 Personen

180 g Bresaola-Schinken, in sehr dünne Scheiben geschnitten
24 kleine marinierte Zucht- oder Wildpilze, grob gehackt
1 EL fein gehackte glatte Petersilie
Grana padano am Stück
frisch gemahlener schwarzer Pfeffer
Olivenöl extra vergine zum Beträufeln
1 unbehandelte Zitrone, in Achtel geschnitten

Zubereitung: 20 Minuten

Die Bresaola-Scheiben leicht überlappend auf einen großen Teller legen, mit den Pilzen und anschließend mit der Petersilie bestreuen. Mit einem Käsehobel oder Gemüseschäler feine Späne vom Grana padano darüberhobeln. Das Ganze mit frisch gemahlenem Pfeffer nach Geschmack würzen und mit Olivenöl beträufeln.

Mit den Zitronenachteln garnieren und servieren.

Grissini e pan di pizza
Grissini und Pizzabrot

Grissini und in Olivenöl ausgebackenes Pizzabrot werden gerne zum Aperitif geknabbert oder sind ein wunderbarer Brotersatz – zu Antipasti aller Art!

Zubereitung: Wenn der Pizzateig schon fertig ist, brauchen Sie noch ca. 10 Minuten, um Grissini und Pizzabrot selbst zu machen.

Für 6 kleine Pizzabrote: Eine halbe Menge Pizzateig, wie auf Seite 108 beschrieben, zubereiten. Den Teig in 6 Kugeln portionieren und diese jeweils etwa 2 mm dick ausrollen. In eine beschichtete Pfanne Olivenöl gießen und das Pizzabrot im heißen Öl von beiden Seiten goldbraun braten.

Für Grissini den Pizzateig (eine halbe Menge Pizzateig, wie auf Seite 108 beschrieben) etwa 4 mm dick ausrollen und in 4 mm breite Streifen schneiden. Den Backofen auf 210 °C aufheizen. Ein Backblech bemehlen oder mit Backpapier auslegen und die Grissini darauf so verteilen, dass sie sich nicht berühren. Die Grissini in 8 Minuten goldbraun backen.

Acciughe al limone

Marinierte Sardellen

Für 6 Personen

500 g frische Sardellen
Saft von 6 Zitronen
Salz und frisch gemahlener Pfeffer
4 EL Olivenöl extra vergine
1 EL gehackte Petersilie
abgeriebene Schale von ½ unbehandelten Zitrone

Zubereitung: 2 Stunden zum Marinieren kühl stellen.

Die Köpfe der Anchovis entfernen, die Fische aufschlitzen und entgräten. Die Filets waschen, abtrocknen und auf eine Servierplatte legen. Den Zitronensaft darübergießen, salzen und pfeffern und für mindestens 2 Stunden in den Kühlschrank stellen.

Vor dem Servieren den Saft abgießen. Das Olivenöl über die Filets träufeln und sie mit Petersilie und Zitronenabrieb bestreuen.

Ich habe mich sehr darüber gefreut, dass Marco zu unserem gemeinsamen Kochen kommen konnte. Marco ist genauso ein Träumer wie ich. Es ist sicher kein Zufall, dass wir beide vom Sternzeichen Fische sind. Das bedeutet allerdings nicht, dass wir immer in den Wolken schweben. Wenn mein Neffe mir, während er Spaghetti mit Sardellen (Rezept Seite 94) zubereitet, von Shakespeare und Boxen vorschwärmt, seinen beiden großen Leidenschaften, dann kocht er trotzdem weiter. Und einfach großartig!

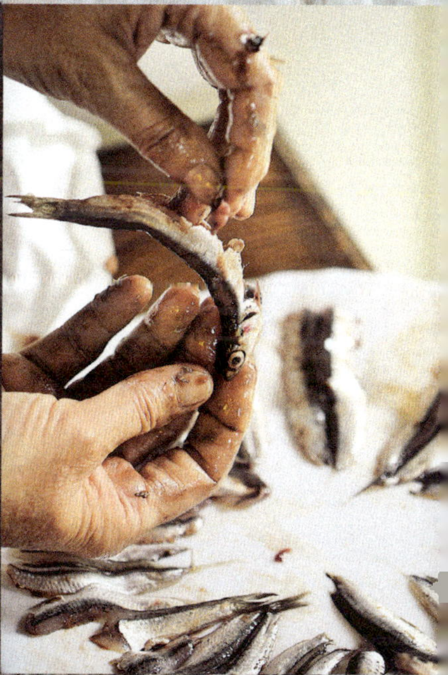

Jutta

Es war Sommer. Jeden Morgen verbrachten Jutta und ich in einer von Grün umgebenen Strandbucht. Gegen Mittag, wenn die Sonne hoch vom Himmel heiß auf uns herunterbrannte, tauchte beinahe jeden Tag am Horizont ein großes Segelschiff auf.
Mich packte die Neugier und ich fragte im Ort herum: Niemand auf der Insel hatte es je gesehen oder wusste etwas darüber. Und mir selbst kam es merkwürdig vor, dass ein Segelschiff jeden Tag zur gleichen Zeit immer in die gleiche Richtung fuhr. Also besorgten wir uns ein Segelboot und warteten auf dem Meer darauf, dass der große Segler vorbeikam. Endlich tauchte er langsam und majestätisch vor unseren Augen auf. Wir setzten das Segel und steuerten auf einen Punkt zu, wo sich beide Schiffe treffen würden. Während wir uns näherten, betrachtete ich das Schiff durch ein Fernglas. Es war alt und seine Segel wirkten verschlissen. An Bord war niemand zu sehen.

Mit einem ziemlich gewagten Entermanöver kamen wir an Deck. Wir merkten wir sofort, dass hier alles zwar in perfekter Ordnung war, doch es gab keine Mannschaft und das Steuer fand den Kurs anscheinend von allein.
Wir gingen unter Deck, dort lag das Logbuch geöffnet auf dem Kartentisch. Endlich würden wir den Namen des Schiffs erfahren. Doch auf der aufgeschlagenen Seite fanden wir nichts als ein schwungvoll mit Tinte geschriebenes Rezept: Ossobuco alla milanese.

„Wach auf, Bruno, es ist schon acht Uhr!"
„Lass mich doch noch ein bisschen schlafen … wie schade! Du hast mich geweckt, als es gerade am spannendsten war! Du und ich auf einem Geisterschiff …"
„Das geht nicht, Schatz, du musst noch beim Metzger die Kalbshaxen abholen und dann auf den Markt, wie soll ich sonst heute Abend für deine Freunde kochen, verdammt! Das Segelschiff kommt sowieso nicht mehr vorbei!"

Le ricette di Jutta:

Minestrone, Seite 50
Ossobuco, Seite 136
Carpaccio di frutta con gelato alla vaniglia, Seite 196

Minestrone
Italienische Gemüsesuppe

Für 6 Personen

3 Tomaten
4 Karotten
1 weiße Zwiebel
1 Stange Lauch
2 Stangen Bleichsellerie
1 kleines Bund Mangold
2 Zucchini (möglichst mit Blüten)
3 EL Olivenöl extra vergine
1 kleiner Cavolo nero (Schwarzkohl), grob gehackt (oder Wirsing)
1 Handvoll frische Erbsen
1 Handvoll frische Dicke Bohnen, blanchiert und gehäutet
1 Handvoll Spinat, grob gehackt
3 Lorbeerblätter
2 EL Tomatenmark
2 l hochwertige Gemüsebrühe (siehe unten)
2 EL gekochte Borlotti-Bohnen
2 EL gekochte Kichererbsen
2 EL eingeweichte Linsen
Basilikumblätter zum Garnieren
150 g Orecchiette (oder eine andere Pasta)
Salz
4 EL Olivenöl extra vergine

Zubereitung: 1 ½ Stunden

Die Tomaten blanchieren und häuten. Dann würfeln und beiseitestellen. Karotten und Zwiebeln schälen und würfeln. Lauch, Sellerie, Mangold und Zucchini ebenfalls würfeln, die Blüten zum Garnieren beiseitelegen. (Die Gemüseabfälle für die Gemüsebrühe verwenden.)

Olivenöl in einem großen Topf erhitzen, dann die Zwiebeln hineingeben, Deckel aufsetzen und 3–4 Minuten bei schwacher Hitze braten, ohne die Zwiebel anzubräunen. Dann das restliche Gemüse in folgender Reihenfolge zufügen: Karotten, Sellerie, Mangold und gegebenenfalls Cavolo nero, Zucchini, Lauch, Erbsen und Dicke Bohnen, Spinat und die Lorbeerblätter. Die Gemüsesorten also entsprechend der Garzeit zugeben und jede Sorte kurz garen, erst dann das nächste Gemüse hineingeben. Zum Schluss sollten alle Sorten gleichmäßig gar sein. Mit jeder Zutat eine Prise Salz hineinstreuen.

Wenn die letzte Gemüsesorte einige Minuten im Topf ist, die Brühe und das Tomatenmark zufügen. Dann die Borlotti-Bohnen und Kichererbsen unterrühren. Zum Kochen bringen, anschließend die Hitze reduzieren und sanft köcheln lassen, bis das Gemüse recht weich ist. Die Orecchiette dazugeben und ca. 8 Minuten, bis sie al dente sind, mitköcheln lassen. Wenn alles gar ist, die Minestrone abschmecken, eventuell nachwürzen. Dann die beiseitegestellten Tomaten zufügen. In Suppenschalen schöpfen und mit einigen Blättchen Basilikum garnieren. Zum Schluss mit Olivenöl beträufeln.

VIAS PROJECTS

Primi Piatti ERSTER GANG

Der erste Gang, ein Symbol unserer italienischen Küchentradition, gehört traditionell und unabänderlich zum Essen, es ist ein Ritual in allen Familien. Da können Regierungen wechseln, die Konsumgewohnheiten oder das Klima mögen sich ändern, ganz egal, ein Teller Tagliatelle oder Fettuccine oder eine andere Pasta wird bei uns Italienern niemals fehlen.

Meist kochte unsere Mamma nur einen ersten Gang, doch ich erinnere mich auch noch an Zeiten, in denen sie unseren Gaumen mit einem „Tris di pasta" aus hausgemachten Nudeln verwöhnt hat: Spaghetti mit Sugo, Orecchiette mit Muschelsauce oder mit Wildkräutern gefüllte Ravioli. Allein der Anblick war schon ein Gedicht! Doch sobald die Pasta auf den Tisch kam, war sie auch schon verschwunden. Mein Vater und meine beiden älteren Brüder, die ihren Mund nur zum Essen öffneten, saßen dann am Tisch und zwinkerten mir zu. Hatten sich die drei doch glatt das ganze Nudeltrio einverleibt!

Come cucinare la polenta

Grundrezept für Polenta

Für 6 Personen

1 ½ l heißes Wasser, ggf. etwas mehr
1 gestrichener EL grobes Salz
500 g mehr oder weniger grobkörniger Polenta-Maisgrieß
80 g Butter
2 EL Parmesan

Zubereitung: 1 Stunde

Die angegebenen Mengen ergeben eine feste Polenta, die für 4 bis 6 Personen ausreicht. Soll sie ein wenig lockerer sein, muss die Wassermenge erhöht werden (auf 1 ¾ l) und entsprechend auch die Salzmenge.

Den Maisgrieß handvollweise in das kochende Wasser schütten, und zwar so, dass er aus der leicht geöffneten Hand in dünnem Strahl hineinrieselt. Gleichzeitig mit einem langstieligen Holzlöffel ununterbrochen und immer stärker rühren, je fester die Polenta wird. Falls sich trotz ständigen Rührens Klumpen bilden sollten, können sie am Topfrand zerdrückt werden. Während der Maisgrieß eingeschüttet wird, muss das Wasser stark kochen.

Wenn die gesamte Menge Polenta im Topf ist und sich Blasen an der Oberfläche bilden, die Hitze reduzieren und die Kochzeit von diesem Augenblick an berechnen; so lange kochen, wie auf der Packung angegeben ist. Falls die Polenta zu fest wird, noch etwas heißes Wasser dazugießen und dieses sofort verrühren. Am Ende der Garzeit die Butter, in 2 Portionen, unterrühren; ganz zum Schluss den Parmesan. Sobald die Polenta gar ist, wird sie mit Schwung nach althergebrachter Art auf ein großes Holzbrett, auf dem ein Küchentuch ausgebreitet wurde, gestürzt. Das Tuch über die Polenta schlagen und diese mit dem Tuch bedecken. Zum Servieren auf etwa 3 cm Dicke flach ausstreichen, in Rauten schneiden und in Butter goldgelb anbraten.

Polenta al forno
Überbackene Polenta

Für 6 Personen

1 ½ l Wasser
1 gestrichener EL grobes Salz
500 g mehr oder weniger grobkörniger Polenta-Maisgrieß
80 g Butter
Zum Überbacken:
100 g geriebener Parmesan
30 g Butter
frisch gemahlener Pfeffer

Zubereitung: 30 Minuten (plus Zubereitung des Grundrezepts für Polenta)

Die Polenta nach dem Grundrezept wie auf der vorhergehenden Doppelseite beschrieben, zubereiten. Backofen auf 190 °C vorheizen. Ein Backblech mit Backpapier auslegen oder eine Auflaufform fetten und die Polenta darauf etwa 3 cm dick flach ausstreichen. Mit Butterflöckchen besetzen und mit dem geriebenen Parmesan bestreuen. Die Polenta mit reichlich frisch gemahlenem Pfeffer bestreuen. In den heißen Ofen geben und in 30 Minuten goldgelb und knusprig backen. Sehr heiß servieren.

Come cucinare il risotto
Grundrezept für (Safran-)Risotto

Für 4 Personen

1 ½–2 l gute Hühnerbrühe
40 g Butter + 2 EL Olivenöl
1 Zwiebel oder 2 Schalotten, sehr fein gehackt
400 g Risottoreis, z.B. Carnaroli superfino
200 ml trockener Weißwein
etwa 40 Safranfäden
Zum Verfeinern:
etwa 75 g kalte Butter, in kleine Würfel geschnitten
etwa 100 g Parmesan, fein gerieben
Salz und frisch gemahlener Pfeffer

Zubereitung: ca. 30 Minuten

Die Brühe in einem Topf neben dem Risottotopf auf den Herd stellen und erhitzen. Die Brühe soll während der gesamten Rührzeit heiß sein, aber nicht kochen. Butter und Olivenöl in einem schweren Risottotopf erhitzen, die Zwiebel darin glasig anschwitzen.

Reis zufügen und umrühren, bis die Körner mit Öl und Butter benetzt und leicht angeröstet sind. Den Wein hineingießen. (Wenn Sie ein raffiniert-einfaches, pures Safranrisotto zubereiten möchten, jetzt den Safran zufügen.) Wenn der Reis alle Flüssigkeit aufgesogen hat, die Brühe kellenweise zugießen, dabei den Reis im Topf ständig umrühren. Jedes Mal, wenn die Brühe fast vollständig aufgesogen ist, die nächste Kelle zugießen.

Weitere 15–17 Minuten garen und dabei unter ständigem Rühren immer wieder Brühe zugießen. Der Risotto ist fertig, wenn die Körner weich sind, aber im Kern immer noch Biss haben. Hitze reduzieren, Deckel auflegen und den Risotto 1 Minute ruhen lassen.

Zum Verfeinern zuerst die kalten Butterwürfel und zum Schluss den Käse mit einem Holzlöffel kräftig unterrühren. Mit Salz und Pfeffer abschmecken.

Risotto al pompelmo rosa

Risotto mit Grapefruit

Als Vorspeise für 4 Personen

300 g Risottoreis, z.B. Arborio
2 rosa Grapefruits
Saft von 1 Grapefruit
250 ml Weißwein
2 Schalotten, fein gehackt
30 g Butter + 2 EL Olivenöl
1–1 ½ l heiße Gemüsebrühe
50 g Parmesan
4 EL gehackte Petersilie
Salz und frisch gemahlener weißer Pfeffer

Zubereitung: 30 Minuten

Die Grapefruits schälen und die Fruchtfilets im Ganzen aus der feinen weißen Haut lösen, beiseitestellen. Butter und Olivenöl in einem schweren Risottotopf erhitzen und darin die Schalotten anschwitzen. Den Reis hinzufügen und rühren, bis die Körner leicht angeröstet sind, etwa 1 Minute. Den Grapefruitsaft und danach den Weißwein zugießen. So lange köcheln lassen, bis der Reis die Flüssigkeit aufgesogen hat. Nun nach und nach die Gemüsebrühe kellenweise hinzufügen. Wenn die Flüssigkeit fast vollständig aufgesogen ist, die nächste Kelle zugießen. Insgesamt 20–25 Minuten (je nach Risottoreissorte) garen, bis die Körner weich sind, aber im Kern noch Biss haben. Während dieser Zeit sollte der Risotto ständig mit einem Holzlöffel gerührt werden.

Vom Herd nehmen, die Grapefruitfilets und den Parmesan vorsichtig untermischen. Mit Salz und Pfeffer würzen und mit der gehackten Petersilie bestreuen.

Risotto con zucchine e lattuga

Risotto mit Zucchini und Kopfsalat

Für 6 Personen

400 g Risottoreis, z.B. Vialone nano
600 g Zucchini
2 Kopfsalatherzen
90 g kalte Butter
1 kleines Bund Kräuter (Petersilie, Kerbel, Basilikum)
1,2 l Gemüsefond
1 Zwiebel
2 EL Olivenöl
90 g geriebener Parmesan
50 g Mascarpone, nach Belieben
Salz und frisch gemahlener Pfeffer

Zubereitung: 40 Minuten

Die Zucchini und die Kopfsalatherzen unter fließendem Wasser säubern und abtropfen lassen.

Die Zucchini in dünne Scheiben schneiden. In einem hohen Topf 50 g Butter erhitzen und die Zucchinischeiben mit den Kopfsalatblättern darin andünsten. 1 ½ l Wasser angießen, das Kräutersträußchen dazugeben und das Ganze 15 Minuten köcheln lassen. Das Gemüse abgießen. Das Kochwasser auffangen und für den Gemüsefond verwenden. Das Gemüse im Mixer oder mit dem Pürierstab pürieren.

Die Zwiebel schälen und klein schneiden. Das Olivenöl erhitzen und die Zwiebel darin anbraten. Sobald sie zu bräunen beginnt, den Reis einstreuen und alles gut vermengen. Den Reis mitbraten, bis die Reiskörner glasig sind.

Das Zucchini-Kopfsalat-Püree und den Gemüsefond zum Reis geben, alles gut vermischen und zugedeckt 15 Minuten bei schwacher Hitze köcheln lassen. Wenn der Reis al dente gegart ist, den Risotto mit Salz und Pfeffer abschmecken, die restliche Butter, den Parmesan und den Mascarpone hinzufügen, jedoch nicht unterrühren. Den Risotto vom Herd nehmen und zugedeckt 1–2 Minuten ziehen lassen. Zuletzt cremig rühren.

Dieses Risottorezept habe ich von einem Bekannten bekommen. Er schwört darauf, dass es bestens funktioniert, auch wenn der Risotto nicht die ganze Zeit gerührt wird. Probieren Sie es aus (wenn Sie keine Hand frei haben)!

Risotto di scampi e bietole
Risotto mit Scampi und Roter Bete

Als Vorspeise für 4 Personen

250–300 g Risottoreis
200 ml Weißwein
1–1½ l heiße Gemüsebrühe
30 g Butter + 2 EL Olivenöl
1–2 Schalotten, fein gehackt
3 kleine Rote Beten, gekocht, geschält und püriert
4–8 dünne Scheiben Rote Bete, in Butter angebraten
40 g Butter
4 kleine Zweige Rosmarin oder Thymian
20 Gamberi oder 16 Scampi, geschält und Darm entfernt
2 EL Olivenöl

Zubereitung: ca. 40 Minuten

In einem schweren Topf Butter und Olivenöl erhitzen, die Schalotten glasig anschwitzen. Den Reis dazuschütten und, wie im Grundrezept beschrieben, fortfahren. In diesem Falle brauchen Sie keinen Safran hinzuzufügen. Bevor Sie den Risotto ruhen lassen, das Rote-Bete-Püree und die Butter unterrühren. Alles noch einmal erhitzen und dann für 1 Minute ruhen lassen.

Während der Risotto zubereitet wird, in einer beschichteten Pfanne das Olivenöl erhitzen und die Gamberi oder die Scampi von jeder Seite je 1 Minute braten und zum Schluss salzen. Zum Servieren je vier oder fünf Gamberi oder Scampi zusammen mit einer Scheibe gebratener Roter Bete und frischem Rosmarin oder Thymian auf jeder Portion anrichten.

Risotto al radicchio e taleggio

Risotto mit Radicchio und Taleggio

Als Vorspeise für 4 Personen

1 großer Kopf Radicchio di Treviso, in schmale Streifen geschnitten, Strunk entfernt
2 EL Olivenöl
300 g Risottoreis, z.B. Arborio oder Carnaroli
1 Zwiebel, fein gehackt
2 EL Butter + 1 EL Olivenöl
200 ml trockener Weißwein
1 ½ l Geflügelbrühe
Salz und frisch gemahlener Pfeffer
125 g Taleggio-Käse, fein gewürfelt
geriebener Parmesan, nach Belieben

Zubereitung: 30 Minuten

In einer großen Pfanne das Olivenöl erhitzen und den Radicchio 10 Minuten von allen Seiten anbraten. In einem Topf mit schwerem Boden bei mittlerer Temperatur die Zwiebel in einer Mischung aus Butter und Öl anschwitzen. Den Reis einstreuen und unter Rühren 2 Minuten braten, bis die Körner ganz mit Öl überzogen und glasig sind. Mit dem Weißwein aufgießen und den Reis garen, dabei beständig weiterrühren, bis er die Flüssigkeit aufgesogen hat.

Dem Grundrezept auf Seite 60 folgen: Nach und nach kellenweise die Brühe angießen und den Reis unter ständigem Rühren weitergaren. Sobald die Flüssigkeit fast verdampft ist, wieder eine weitere Kelle Brühe aufgießen, leise köchelnd weitergaren lassen, dabei rühren. Etwa nach der Hälfte der Garzeit salzen und pfeffern. Nach 20–25 Minuten ist der Risotto fertig, wenn die Reiskörner noch einen festen Kern haben, aber dennoch zart sind. Die Flüssigkeitsmenge kann je nach Reissorte variieren. Bei Bedarf etwas mehr oder weniger heiße Brühe zugießen.

Den Risotto vom Herd nehmen, den Taleggio-Käse unterrühren und den angebratenen Radicchio vorsichtig mit dem Risotto vermengen. Auf vorgewärmten Suppentellern anrichten, geriebenen Parmesan nach Belieben getrennt dazu servieren.

Come fare gli gnocchi
Grundrezept für Kartoffel-Gnocchi

Für 4 Personen

500 g mehlige Kartoffeln
40 g Hartweizengrieß
40 g Speisestärke
40 g Mehl Type 550
2 Eigelb
Salz und frisch gemahlener Pfeffer
etwas Mehl für das Backbrett

Zubereitung: ca. 1 ½ Stunden

Die Kartoffeln waschen, mit Schale garen, abgießen, kurz unter kaltem Wasser abschrecken und pellen. Durch die Kartoffelpresse auf ein Holzbrett drücken und etwas abkühlen lassen. Grieß, Speisestärke, Mehl und die beiden Eigelbe in die Kartoffeln einarbeiten – zügig arbeiten! – und mit Salz und Pfeffer abschmecken. Aus dem Teig auf dem bemehlten Brett daumendicke Rollen in beliebiger Länge formen. Die Rollen jeweils in 3 cm lange Stücke schneiden, zu Gnocchi formen und diese mithilfe eines Gabelrückens mit den typischen Rillen versehen.

Die Gnocchi portionsweise in kochendes Salzwasser geben. Sobald sie an die Oberfläche steigen, mit einem Schaumlöffel herausheben, gut abtropfen lassen und in eine vorgewärmte Schüssel füllen.

Zu Gnocchi esse ich am liebsten das Pesto, wie es unsere liebe Freundin Antonella zubereitet hat (Rezept Seite 86). Aber ich verrate Ihnen natürlich auch das klassische Rezept für Pesto (Rezept Seite 74) – für alle Fälle.

Malfatti di ricotta

Ricotta-Gnocchi

Für 4–6 Personen

1 kg frischer Spinat, blanchiert und gehackt
250 g frisch geriebener Parmesan
60 g Mehl
250 g Ricotta
2 Eier
1 Prise geriebene Muskatnuss
Salz und frisch gemahlener Pfeffer
100 g Butter, geschmolzen

Zubereitung: ca. 30 Minuten

Den Spinat in einer großen Rührschüssel mit 60 g Parmesan, 30 g Mehl, dem Ricotta, den beiden Eiern, Muskatnuss sowie Salz und Pfeffer nach Geschmack gründlich vermischen. Mit einem Löffel die Masse zu walnussgroßen Nocken formen und diese jeweils im restlichen Mehl wälzen.

In einem Topf schwach gesalzenes Wasser zum Kochen bringen und jeweils nur einige Gnocchi darin kochen, bis sie an die Oberfläche steigen. In einem Sieb abtropfen lassen und in eine Servierschüssel geben. Die zerlassene Butter über die Gnocchi gießen und diese sofort servieren. Den restlichen Parmesan in einer Schale auf den Tisch stellen, damit sich jeder selbst bedienen kann.

Bruno
Kaffee
Butter
Schalotten

Gnocchi al pesto

Gnocchi mit Pesto

Pesto classico für 1 Schraubglas voll

3 Knoblauchzehen, geschält, Keim entfernt
4 EL Pinienkerne, geröstet
400 g Basilikumblätter, verlesen
6–8 EL geriebener Parmesan
2–3 Schuss Olivenöl extra vergine
Meersalz

Zubereitung: 20 Minuten

Gnocchi zubereiten, wie auf Seite 70 beschrieben. Das Pesto können Sie schon einen Tag im Voraus machen.

Dafür den Knoblauch zerdrücken und mit einer kleinen Prise grobem Meersalz (der Parmesan ist ja bereits salzig) in das Gefäß für den Pürierstab geben. Die gerösteten Pinienkerne hinzufügen. Mit dem Pürierstab zerkleinern, aber nicht zu lange mixen.

Basilikumblätter in kleinen Portionen hinzufügen und möglichst rasch in die Mischung einarbeiten. Sie können das Pesto auch in einer Küchenmaschine herstellen. Ein bisschen mehr „Handarbeit“ ist gefragt, wenn Sie das Pesto im Mörser stampfen – aber es lohnt sich!

Den Käse und zum Schluss so viel Olivenöl zugeben, bis eine hellgrüne Paste entsteht. Je zügiger das Pesto hergestellt wird, desto besser. Um die hellgrüne Farbe des Pesto zu erhalten, das Salz unbedingt zugeben, bevor die Basilikumblätter zerstampft werden – sonst wird das Pesto dunkel.

Die Gnocchi frisch zubereiten und sofort mit dem Pesto, das in einem separaten Schälchen gereicht wird, servieren.

Machen Sie ruhig etwas mehr Pesto – zumindest meine Freunde tendieren dazu, das Pesto löffelweise einfach so zu verspeisen.

Rosina

Wenn ich mit meinen Lieben wie schon immer die Sommerferien an der Küste der Emilia Romagna verbringe, ist Rosina unsere Azdora, unser guter Geist. Nicht von ungefähr findet man im Wörterbuch, dass Azdora eigentlich Hausfrau heißt, und sie ist auch wirklich die Stütze der Familie, die dem Haushalt vorsteht und in der Küche mit strenger Hand das Regiment führt. Die Spezialität unserer Rosina waren seit jeher Strozzapreti, die sogenannten „Pfaffenwürger", bei deren Zubereitung sie gerne dieses oder jenes nebenbei erledigte und die eine oder andere Geschichte erzählte. Es heißt ja, der Name stamme aus der Zeit, als die armen Frauen des Dorfes dieses Gericht für den Pfarrer kochten und sie jedes Mal dabei wünschten, er möge daran ersticken. Sie schmecken aber auch so gut! Welch eine Freude macht es, Rosina zuzusehen, wenn sie, das Gesicht gerötet und leicht mit Mehl bestäubt, mit dem Nudelholz den Teig bearbeitet. Eben hat sie schnell noch die Wäsche in das finstere Loch der Waschmaschine gestopft. Und während diese ihre Arbeit aufnimmt und die Hemden dort zu schweben beginnen, schneidet sie die Zwiebel klein und ihre Augen füllen sich allmählich mit Wasser wie die Trommel hinter dem Bullauge. Jetzt sind die Zwiebelwürfel zusammen mit einem großzügigen Schuss Olivenöl in der Pfanne gelandet und es heißt geduldig warten, bis sie goldgelb werden. Die Waschtrommel hält an, dann dreht sie sich wieder, diesmal in die entgegengesetzte Richtung. Jetzt setzt sich die Schleuder wie ein Wirbelsturm in Bewegung: In den Tiefen der aufgewühlten See kann ich ein Paar Socken in Seenot ausmachen, die um Hilfe zu rufen scheinen. Hoppla! Rosina hat das Tuch, auf dem sie die Pasta ausgebreitet hatte, an den Zipfeln gepackt und die Nudeln ins kochende Wasser gleiten lassen. Martina kniet inzwischen vor dem Bullauge der Waschmaschine und starrt darauf wie auf eine mystische Erscheinung. Sie hat dort eben einen 20-Euro-Schein auftauchen sehen, den sie in ihrer Jeans vergessen hatte ... sanft treibt er im Wasser dahin! Pancettastreifen und Tomaten wandern jetzt noch in die Pfanne. Das Gericht ist fast fertig, genau wie die Wäsche. Die Strozzapreti müssen al dente gekocht sein, dann werden sie abgegossen und mit einer Handvoll geriebenem Ricotta-Hartkäse auf den Tisch gebracht. Bruno holt noch schnell die Wäsche aus der Maschine und geht sie aufhängen.

Le ricette di Rosina:

Pasta fresca, Seite 78
Strozzapreti al sugo, Seite 82
Cascioni alle erbe, Seite 104
Spiedini di gamberi e calamari, Seite 152
Gratin di verdure, Seite 176

Come preparare la pasta fresca

Grundrezept für Nudelteig

Für ca. 600 g Teigwaren

400 g italienisches 00-Weizenmehl oder Type 550
100 g Hartweizengrieß
1 Ei
120–150 ml Wasser

Zubereitung: Rosina braucht nur 20 Minuten …

Das Mehl und den Grieß auf einem Backbrett vermischen. Eine Mulde eindrücken und das Ei hineinschlagen, etwa 100 ml Wasser angießen und alles zu einem geschmeidigen Teig kneten. Falls nötig, noch weiteres Wasser hinzufügen. Den Teig gut durchkneten und 30 Minuten unter einem feuchten Tuch ruhen lassen. Den Teig in zwei bis drei Stücke teilen und mit dem Nudelholz auf einem bemehlten Backbrett dünn ausrollen. Den Teig einige Male anheben und das Nudelbrett erneut mit Mehl bestauben. Nun den ausgerollten Teig in die gewünschte Nudelform bringen: entweder zusammenrollen und mit einem Messer etwa zu Tagliatelle oder mit einem gezackten Teigrädchen zu Pappardelle schneiden.

Für Strozzapreti (siehe Fotos auf der nachfolgenden Doppelseite) den ausgerollten Teig mit einem Messer in 1,5 × 8 cm große Streifen schneiden und jeden Streifen zwischen den beiden Handflächen zu Strozzapreti „verzwirbeln".

Ich kenne niemanden, der wie Rosina mit dem Nudelholz so virtuos umgeht. Sie können natürlich auch eine Nudelmaschine verwenden, damit Ihnen der Teig auch so dünn gelingt …

Strozzapreti al sugo

Rosinas Sugo für selbst gemachte Strozzapreti

Für 4 Personen

500 g frisch gemachte Strozzapreti (siehe Seite 78), zur Not können Sie auch getrocknete Strozzapreti kaufen

Für den Sugo:

250 ml Olivenöl
1 weiße Gemüsezwiebel, grob gehackt
250 g Pancetta, in Streifen geschnitten
1 kg Tomaten (aus der Dose), gehackt
1 Lorbeerblatt
1–2 Peperoncini, nach Belieben
Salz und frisch gemahlener Pfeffer
Petersilie, nach Belieben

Zubereitung: ca. 1 Stunde

In einer Kasserolle das Olivenöl erhitzen. Die Zwiebel darin glasig anschwitzen, Pancetta-Streifen dazugeben und kurz mitbraten. Die Tomatenwürfel und das Lorbeerblatt hinzufügen, mit Salz, Pfeffer und Peperoncini würzen. Das Ganze etwa 1 Stunde sanft köcheln lassen. Petersilie waschen, verlesen und die Blätter klein hacken. Zum Schluss ganz kurz mitgaren.

Die Strozzapreti in heißem, gut gesalzenem Wasser al dente kochen, abgießen. In einer großen Schüssel die Nudeln und den Sugo vermengen und sofort servieren.

Spaghetti al tonno e limone

Spaghetti mit Thunfisch-Zitronen-Sauce

Für 2 Personen

250 g Spaghetti
1 Zwiebel
1 Knoblauchzehe, Keim entfernt
1 EL Butter
1 Dose Thunfisch im eigenen Saft (160 g Abtropfgewicht)
Saft von 1 Zitrone
200 g Schlagsahne
1 EL Kapern
frisch gemahlener weißer Pfeffer
gehackte Petersilie
Zitronenscheiben und Petersilie zum Anrichten

Zubereitung: 30 Minuten

Die Nudeln in sprudelndem Salzwasser al dente kochen.

Währenddessen die Zwiebel würfeln und den Knoblauch sehr fein hacken. Beides zusammen in der Butter bei mittlerer Hitze glasig andünsten. Den abgetropften Thunfisch dazugeben und kurz mitbraten. Den Saft einer halben Zitrone dazugeben, alles vermischen und kurz köcheln lassen. Zum Schluss Sahne und Kapern unterrühren. Nicht mehr aufkochen, nur kurz warm werden lassen. Mit Pfeffer, Petersilie und je nach Geschmack mit dem restlichen Zitronensaft abschmecken. In der Pfanne mit den Nudeln vermischen und sofort heiß auf Pastatellern anrichten. Mit je einer Scheibe Zitrone und Petersilie garnieren.

Trofie al pesto di prezzemolo
Trofie mit Antonellas Petersilien-Pesto

Pesto für 4 Personen

100 g frische Basilikumblätter, verlesen
100 g Petersilienblätter, verlesen
150 g mehlige Kartoffeln, gekocht und gepellt
2 Knoblauchzehen, Keim entfernt
5 EL Olivenöl extra vergine
2 EL Aceto Balsamico di Modena
1 kleine Prise Salz
500 g Trofie, Strozzapreti oder eine andere ähnliche Pasta

Zubereitung: 30 Minuten

Kräuter waschen und zupfen, zusammen mit dem Knoblauch fein hacken. Die Kartoffeln durch die Presse drücken. Kräuter und Knoblauch dazugeben und alles mit einer Gabel vermengen. Olivenöl und Balsamico hinzufügen und alles zu einer homogenen Masse verrühren. Mit Salz abschmecken.

Die Nudeln in heißem, gut gesalzenem Wasser al dente kochen, abgießen und in einer vorgewärmten Schüssel mit zwei Drittel des Pesto vermengen. Das restliche Pesto getrennt in einem Schälchen servieren.

Antonellas Pesto ist eine wunderbare Alternative zum klassischen Pesto mit Pinienkernen. Es ist leichter und auch preisgünstiger.

Lasagna tradizionale napoletana della nonna

Aus dem Kochbuch von Francas Großmutter

Für 6 Personen

24 frische Lasagne-Teigblätter
Für den Tomatensugo:
1 ½ kg Tomaten, frisch oder aus der Dose,
gehäutet und gehackt
2 Knoblauchzehen, geschält, halbiert und Keim entfernt
3 frische Salsicce (ca. 250 g)
1–2 EL Olivenöl
Für die Polpette (Hackfleischbällchen):
250 g gemischtes Hackfleisch
1 dicke Scheibe altbackenes italienisches Weißbrot
200 ml lauwarme Milch
1 Ei
3 EL geriebener Parmesan
Salz und frisch gemahlener Pfeffer
8 EL Olivenöl
Außerdem:
250 g Ricotta
250 g Mozzarella, in kleine Würfel geschnitten
100 g geriebener Parmesan
2 Bund Basilikum, nur die Blätter
2 hart gekochte Eier, gepellt und in Scheiben geschnitten

Zubereitung: 2 Stunden

Den Sugo zubereiten: Die gehackten Tomaten in einen Topf geben. Die Salsicce mehrfach mit einer Gabel einstechen und zu den Tomaten geben, Knoblauchzehen, einen Schuss Olivenöl und einige Basilikumblätter hinzufügen. Aufs Feuer setzen und bei kleiner Hitze ca. 45 Minuten köcheln, dann abkühlen lassen. Die Salsicce herausheben und in Scheiben schneiden.

Für die Polpette das Brot grob zerpflücken, in eine Schüssel geben und mit der warmen Milch übergießen. Ca. 20 Minuten einweichen. Das Ei mit dem Parmesan verquirlen. Das Brot ausdrücken (die überschüssige Milch wird nicht mehr gebraucht), zum Ei geben und zusammen mit dem Hackfleisch zu einem Teig verkneten. Kleine Fleischbällchen daraus formen. Olivenöl in einer Pfanne erhitzen und die Bällchen rundherum knusprig anbraten und in ca. 5 Minuten garen. Die fertigen Bällchen auf einem mit Küchenpapier ausgelegten Teller beiseitestellen.

In einem großen Topf reichlich Wasser zum Kochen bringen. Salzen und die Lasagneblätter portionsweise al dente kochen. Mit einer Schaumkelle herausnehmen und in einer Schüssel mit kaltem Wasser abschrecken; abseihen und nebeneinander auf ein trockenes Tuch legen.

Den Ricotta mit einem Drittel des abgekühlten Sugo verrühren. Den Ofen auf 200 °C vorheizen. Eine rechteckige ofenfeste Form mit einer Schicht Tomatensugo bedecken. Eine Lage Lasagneblätter so hineingeben, dass sie sich ein wenig überlappen. Diese mit etwas von der Sugo-Ricotta-Mischung bestreichen. Darauf Wurstscheiben, Mozzarella und Basilikumblätter verteilen und mit Parmesan bestreuen. Eine zweite Schicht Lasagneblätter auslegen und diese mit Tomatensugo bedecken. Nun Polpette, Mozzarella, Basilikumblätter, Parmesan und Eischeiben verteilen und eine weitere Lage Lasagneblätter auslegen. Weiter so verfahren, bis alle Zutaten – bis auf eine Portion Tomatensugo, Parmesan und Basilikumblätter – aufgebraucht sind. Den Sugo auf die letzte Lasagne-Schicht streichen. Parmesan und Basilikumblätter verteilen und die Lasagne für ca. 30 Minuten backen. Sofort servieren.

3
Lasagne
pasta fresca gr. 250
ricotta gr. 200
carne macinata gr. 200

Orecchiette alle vongole

Orecchiette mit Muschelsauce

Für 4 Personen

1 kg Venusmuscheln
3 Knoblauchzehen, geschält, Keim entfernt
Salz
500 g Orecchiette oder Spaghetti
5 EL Olivenöl
frisch gemahlener Pfeffer
1 Bund glatte Petersilie, nur die Blätter, fein gehackt

Zubereitung: ca. 30 Minuten

Die Muscheln gründlich unter fließendem Wasser waschen. Offene Muscheln, die sich bei Berührung nicht schließen, aussortieren. Zusammen mit einer Knoblauchzehe ohne weitere Zutaten in eine große Pfanne geben und stark erhitzen, bis die Schalen sich öffnen (diejenigen, die geschlossen bleiben, wegwerfen). Inzwischen in einem großen Topf gesalzenes Wasser für die Pasta zum Kochen bringen. Die Pfanne mit den Muscheln vom Herd nehmen und die entstandene Flüssigkeit durch ein Tuch in eine Schüssel seihen. Das Muschelfleisch aus den Schalen lösen.

In einer zweiten Pfanne das Olivenöl erhitzen und die beiden übrigen Knoblauchzehen darin goldgelb rösten. Das Muschelfleisch hinzufügen und unter häufigem Umrühren bei schwacher Hitze schmoren lassen. Den Muschelsud dazugießen, salzen und reichlich mit frisch gemahlenem Pfeffer und fein gehackter Petersilie bestreuen. Die al dente gekochte Pasta abgießen und in die Pfanne zu den Muscheln geben. Alles gründlich miteinander vermischen (zum Umrühren kein Metall-, sondern möglichst Holzbesteck verwenden). Eventuell nochmals pfeffern.

Pasta con le acciughe

Marcos Nudeln mit frischen Sardellen und Fenchelgrün

Für 4 Personen

300 g frische Sardellen
6 junge Fenchelknollen mit viel Grün
Salz
50 g Sultaninen
1 Zwiebel
4–5 EL Olivenöl
½ TL Safranfäden, in etwas Wasser aufgelöst
30 g Pinienkerne
2 in Salz eingelegte Sardellenfilets
400 g Spaghetti oder Bucatini
Saft von 1 Zitrone

Zubereitung: ca. 1 Stunde

Die Sardellen auf der Bauchseite aufschneiden, Köpfe und Gräten entfernen, waschen und trocken tupfen. Die oberen grünen Teile von den Fenchelknollen abtrennen (die Knollen werden für dieses Rezept nicht verwendet), waschen und in etwa 5 mm dicke Ringe schneiden. Das Fenchelgrün abschneiden, fein hacken und bis zum Servieren beiseitestellen. Die gewaschenen Sultaninen 15 Minuten in lauwarmem Wasser quellen lassen. Die Zwiebel fein hacken, zusammen mit den grünen Fenchelringen in eine große Pfanne geben, salzen und in etwas Olivenöl weich dünsten. Weitere 2 EL Olivenöl und die Safranfäden hinzufügen. Die Pinienkerne und die abgetropften Sultaninen dazugeben, umrühren und 10 Minuten schwach köcheln lassen.

In einer extra Pfanne die Sardellen kurz von beiden Seiten anbraten. Die eingelegten Sardellenfilets gut waschen und entgräten. Mit dem restlichen Olivenöl zerdrücken, zu einer cremigen Paste verrühren und zu den Sardellen geben; 2 Minuten mitgaren. Vom Herd nehmen und das Ganze warm halten.

Währenddessen das Nudelwasser aufsetzen, zum Kochen bringen, salzen und die Nudeln darin al dente kochen. Abgießen, in eine vorgewärmte Servierschüssel geben, die Fenchel-Mischung und die Sardellen darüberfüllen und ohne Umrühren zugedeckt etwas durchziehen lassen. Erst kurz vor dem Auftragen mit dem Zitronensaft begießen und vorsichtig durchmischen. Das gehackte Fenchelgrün darüberstreuen.

Fettuccine al ragù di coniglio
Fettucine mit Kaninchenragout

Für 4 Personen

500 g Fettuccine oder Tagliatelle
450–500 g Kaninchenfleisch (ohne Knochen), in mundgerechte Stücke geschnitten
2 EL Olivenöl
1 rote Zwiebel, in kleine Würfel geschnitten
3 EL Balsamico
15 schwarze Oliven, entsteint
100 ml passierte Tomaten
150 g Schlagsahne
Salz und frisch gemahlener Pfeffer

Zubereitung: ca. 30 Minuten

Das Olivenöl in einer großen beschichteten Pfanne erhitzen und das Kaninchenfleisch darin rundherum heiß anbraten. Wieder herausnehmen und im selben Öl die Zwiebel glasig anschwitzen. Nacheinander nun Balsamico, Oliven, passierte Tomaten und zum Schluss die Sahne dazugeben. Kurz einkochen lassen und das Kaninchenfleisch in der Sauce erhitzen. Mit Salz und Pfeffer abschmecken.

In der Zwischenzeit für die Pasta einen großen Topf Wasser zum Kochen bringen, gut salzen. Die Pasta hineingeben, die Hitze reduzieren und die Pasta al dente garen. Abseihen und die Pasta in einer vorgewärmten Schüssel mit dem Kaninchenragout vermischen. Sofort servieren.

Pansotti con salsa di noci

Pansotti in Walnusssauce

Für 6 Personen

Pansotti ist der ligurische Name für Ravioli. Die in dieser Region übliche Füllung ist eine Mischung aus Garten- und Wildkräutern – je nach Jahreszeit.

250 g Mehl
2 Eier + 1 Eiweiß
Wasser
Für die Füllung:
100 g Löwenzahnblätter oder Rucola
100 g Borretsch
50 g frischer Kerbel
50 g frischer Majoran
50 g frischer Schnittlauch
2 Knoblauchzehen, geschält und Keim entfernt
100 g Ricotta
50 g Semmelbrösel
Salz und frisch gemahlener Pfeffer
Für die Sauce:
125 g Walnusskerne
100 g frisch geriebener Parmesan
125 g Schlagsahne
125 ml Gemüsefond
4 EL Olivenöl extra vergine
Salz und frisch gemahlener Pfeffer

Zubereitung: 1 Stunde plus 1 Stunde Ruhezeit für den Teig

Das Mehl auf ein Brett häufen und in die Mitte eine Mulde drücken. Das Ei aufschlagen und in die Mulde gleiten lassen; genügend Wasser zugeben, sodass man einen geschmeidigen Teig herstellen kann. Kneten, bis er glatt und elastisch ist. In Klarsichtfolie einschlagen und für 1 Stunde in den Kühlschrank legen.

Die Kräuter in sprudelndem Salzwasser kochen, bis sie zusammenfallen. Abgießen und mit dem Knoblauch hacken. Das verbliebene Ei, den Ricotta und die Hälfte der Semmelbrösel hinzufügen. Gut vermischen und mit Salz und Pfeffer würzen. Die Walnüsse kurz in kochendem Wasser blanchieren, dann die Häute entfernen. Die Nüsse mit den restlichen Semmelbröseln, 1 EL Parmesan, Sahne und Öl in den Mixer geben. Die Zutaten zu einer cremigen Sauce pürieren. In einen kleinen Topf geben und bei mäßiger Temperatur erhitzen.

Den Teig mit der Nudelmaschine, die auf die zweitdünnste Stufe eingestellt ist, oder mit dem Nudelholz ausrollen. In Quadrate von etwa 6 cm Kantenlänge schneiden und mit Eiweiß bepinseln. Eine kleine Menge der Kräuterfüllung in die Mitte jedes Quadrats setzen und dieses so zusammenfalten, dass ein Dreieck entsteht; die Ränder zum Verschließen zusammendrücken. Die Pansotti in reichlich sprudelndem Salzwasser al dente kochen. Walnusssauce und restlichen Parmesan über die Nudeltaschen geben und servieren.

Pappardelle alle fave e rucola

Pappardelle mit Dicken Bohnen und Rucola

Für 4 Personen

250 g Butter
Für das Bohnenpüree:
2 EL Olivenöl
1 weiße Zwiebel, fein gehackt
300 g frische Dicke Bohnen, ersatzweise tiefgekühlte, aufgetaut und blanchiert
Für die Weinsauce:
1 Schalotte, fein gehackt
2 schwarze Pfefferkörner
100 ml Weißwein
2 EL Sahne
Außerdem:
2 Handvoll frische Dicke Bohnen, gepalt
400 g Pappardelle (getrocknet)
2 EL geriebener Pecorino
2 kleine Bund Rucola, gewaschen, plus 1 Bund zum Garnieren
Salz und frisch gemahlener Pfeffer

Zubereitung: 1 ½ Stunden

Zunächst 250 g Butter bis auf 2 Stückchen für die Sauce in kleine Würfel schneiden und in den Kühlschrank stellen.

Für das Bohnenpüree das Olivenöl in einem Topf erhitzen und die Zwiebel darin anschwitzen. Dicke Bohnen zufügen und mit der Zwiebel 8 Minuten garen. Langsam Wasser zugießen, bis die Bohnen gut bedeckt sind.

Zum Kochen bringen, dann die Hitze reduzieren, zugedeckt 10–15 Minuten sanft köcheln lassen, bis die Bohnen weich sind. Am Ende sollte die Flüssigkeit nahezu eingekocht sein. Mischung noch heiß im Mixer pürieren, dabei von der gewürfelten Butter 100 g zufügen. Wenn das Püree zu trocken wird, etwas Wasser zugießen. In einen kleinen Topf geben, abschmecken und warm halten.

Für die Weinsauce ein Stückchen Butter in einem mittelgroßen schweren Topf zerlassen, Schalotte hinzufügen und 2–3 Minuten mit den Pfefferkörnern anschwitzen, dann den Wein zugießen und auf ein Viertel einkochen lassen. 2 EL Sahne einrühren und weitere 2 Minuten einkochen lassen. Vom Herd nehmen und beiseitestellen.

Wasser in einem großen Topf zum Kochen bringen, die 2 Handvoll frische Dicke Bohnen hineingeben und 5–6 Minuten blanchieren, dann abtropfen lassen und unter fließendem kaltem Wasser abschrecken. Falls nötig, die äußere dicke Haut der Bohnen abschälen. Das zweite Stückchen Butter in einer tiefen Schmorpfanne zerlassen und die Dicken Bohnen zufügen. Leicht salzen und pfeffern und vom Herd nehmen.

Topf mit der vorbereiteten Weinsauce wieder auf den Herd stellen und zum Kochen bringen, dann langsam die restlichen kalt gestellten Butterwürfel nach und nach mit dem Schneebesen unterschlagen. Durch ein feinmaschiges Sieb in einen vorgewärmten Topf passieren und warm stellen. Wasser in einem großen Topf zum Kochen bringen, Salz zufügen, Pappardelle hineingeben und unter ständigem Rühren al dente kochen. Abgießen und das Kochwasser aufheben.

Pfanne mit den frischen Dicken Bohnen wieder bei schwacher Hitze auf den Herd stellen und die Pasta mit etwas Kochwasser zufügen. Alles mischen und erhitzen. Dann Pecorino, etwas Pfeffer, Rucola und Weinsauce zufügen. 2–3 Minuten unter Rühren erhitzen, dabei nach Bedarf noch etwas Kochwasser zugießen. Während des Mischens von Pasta und Sauce das Bohnenpüree aufwärmen. Auf jeden Teller 1–2 EL Püree streichen und die Pasta mit Sauce daraufsetzen. Mit etwas frischem Rucola garnieren.

Maccheroni ai quattro formaggi
Maccheroni mit Käsesauce

Für 4 Personen

1 große Kugel Mozzarella
70 g Bel Paese oder Brunetto
70 g Fontina
70 g Parmesan am Stück
Salz
500 g Maccheroni
100 g Butter
200 g Schlagsahne

Zubereitung: ca. 35 Minuten

Mozzarella, Fontina und Bel Paese in Würfel schneiden, den Parmesan reiben. Die Nudeln in sprudelnd kochendem, gesalzenem Wasser al dente kochen, abgießen, ganz kurz mit kaltem Wasser abschrecken und abtropfen lassen. Die Butter in einem großen Topf erhitzen. Wenn sie leicht zu schäumen beginnt, die Nudeln hineingeben und mit einem Holzlöffel umrühren. Die Käsewürfel und den geriebenen Parmesan hinzufügen und bei schwacher Hitze alles gründlich vermischen. Die Sahne dazugießen und weiterrühren, bis der Käse geschmolzen ist und als dicke, cremige Sauce die Nudeln umhüllt. Sehr heiß servieren.

Brunetto
Fontina
Mozzarella
Parmigiano

Cascioni alle erbe

Teigtaschen mit Kräuterfüllung

Für 6 Cascioni

Für den Teig:
450–500 g Hartweizenmehl
2 EL Olivenöl
2 EL Schmalz
120–150 ml heißes Wasser
1 Prise Salz
Für die Füllung:
1 kg Wildkräuter oder gemischtes Blattgemüse: Spinat, Mangold, Ciccoria (siehe Foto oben links), Rucola, Petersilie
2 Knoblaubzehen, ungeschält halbiert
3 EL Olivenöl
Salz und frisch gemahlener Pfeffer

Zubereitung: ca. 1 Stunde

Für den Teig das Mehl auf einem Backbrett mit Öl, Schmalz, Salz, und heißem Wasser gut vermischen und zu einem geschmeidigen Teig verkneten. Den Teig in 6 Stücke teilen und diese für 15–20 Minuten abgedeckt ruhen lassen. Jedes Teigstück zu einem dünnen kreisförmigen Fladen ausrollen.

Die Kräuter gut waschen, die groben Stängel entfernen und die verlesenen Kräuter für 10 Minuten in gesalzenem Wasser blanchieren. Abseihen und gut ausdrücken. In einer Pfanne das Olivenöl erhitzen und die Knoblauchzehen anbraten, um das Öl zu aromatisieren; wieder herausnehmen. Die ausgedrückten Kräuter grob hacken und im heißen Olivenöl etwa 8 Minuten dünsten. Mit Salz und Pfeffer abschmecken. Anschließend ein Sechstel der Kräuter in die Mitte der Cascioni geben, die Ränder übereinanderschlagen und mit einer Gabel verschließen.

In einer großen gusseisernen Platte oder einer flachen beschichteten Pfanne die Cascioni auf beiden Seiten braten (ohne Öl!). Um auch die dicken Seiten zu garen, diese in der Pfanne so aufstellen, dass sie auch von dieser Seite goldbraun und gar werden (siehe Foto unten Mitte).

Timballo di tortellini

Pikante Nudeltorte

Für 4–6 Personen

1 Packung Blätterteig

Für die Sauce:

50 g getrocknete Steinpilze
250 g Hühnerleber
1 Zwiebel
1 Karotte
2 Stangen Bleichsellerie
2 Petersilienstängel
einige frische Salbeiblätter
2 Knoblauchzehen, geschält, Keim entfernt
30 g Butter + 2 EL Olivenöl
200 g Salsicce, gepellt und in Scheiben geschnitten
250 ml Rotwein
2 EL Mehl
2 EL Tomatenmark
500 ml Fleisch- oder Gemüsebrühe
Salz und frisch gemahlener Pfeffer

Für die Béchamelsauce:

30 g Butter
3 EL Mehl
500 ml Milch

Außerdem:

1 kg gekaufte frische Tortellini
100 g frisch geriebener Parmesan

Zubereitung: 3 Stunden

Die getrockneten Steinpilze in heißem Wasser einweichen. Die Hühnerleber säubern und in Stückchen schneiden. Das gewaschene Gemüse, Knoblauch und Kräuter fein hacken und in einer Mischung aus Butter und Öl bei schwacher Hitze braten. Die eingeweichten und ausgedrückten Pilze grob hacken und hinzufügen. Die Leberstückchen und die Salsicce ebenfalls dazugeben. Mit einem Holzlöffel gut umrühren und bei schwacher Hitze weiterbraten. Mit dem Rotwein aufgießen. 1 EL Mehl durch ein Sieb über die Sauce stäuben und gut umrühren. Das Tomatenmark in der heißen Brühe auflösen und hinzufügen, gründlich vermischen. Salzen, pfeffern und bei sehr schwacher Hitze 2 Stunden köcheln lassen – den Topf nicht zudecken. Damit die Sauce nicht ansetzt und nicht zu trocken wird, bei Bedarf mit etwas mehr Brühe verdünnen. Am Schluss soll das Ragù konzentriert und nicht zu flüssig sein.

Nach 2 Stunden Wasser für die Tortellini zum Kochen bringen, salzen und die Tortellini knapp al dente kochen. Backofen auf 200 °C vorheizen. In der Zwischenzeit für die Béchamelsauce in einem kleinen Topf die 30 g Butter zerlassen, 3 EL Mehl hinzufügen und mit einem Holzlöffel umrühren. Unter Rühren die Milch hinzufügen. 10 Minuten oder länger köcheln lassen, bis die Sauce dick wird. Salzen, pfeffern und vom Herd nehmen. Die gekochten Tortellini abgießen, in eine vorgewärmte Servierschüssel füllen und die Hälfte der Fleischsauce darübergeben. Eine Springform von 28–30 cm Durchmesser mit Butter ausstreichen und mit dem Blätterteig auslegen. Die Hälfte der Tortellini hineinfüllen. Je eine Schicht Fleischsauce und Béchamelsauce darübergeben und mit reichlich Parmesan bestreuen. Den Rest der Tortellini, der Fleisch- und der Béchamelsauce darübergeben, wieder mit Parmesan bestreuen und die Torte 30 Minuten im heißen Ofen backen. Während der letzten 10 Minuten mit Alufolie abdecken. Aus dem Ofen nehmen, stürzen und heiß servieren.

Come preparare la pizza

Grundrezept für Pizza

Für 6 mittelgroße Pizzas

800 g Mehl
200 g Hartweizengrieß
2 EL Meersalz
1 EL Zucker
14 g Trockenhefe (oder 42 g Frischhefe)
600 ml lauwarmes Wasser
2 EL Olivenöl

Zubereitung: 45 Minuten plus mindestens 2 Stunden Ruhezeit für den Teig

Mehl, Grieß, Salz, Zucker und Hefe in einer Schüssel vermengen. In die Mitte eine Mulde drücken und Wasser und Olivenöl dazugießen. Zunächst mit einer Gabel zu einem Teig verrühren und dann auf einem bemehlten Backbrett mit den Händen weiterkneten. So lange kneten, bis der Teig weich und elastisch ist (10–15 Minuten). Falls er zu feucht ist, noch etwas Mehl hinzufügen; falls er zu trocken ist, noch etwas lauwarmes Wasser zugeben. Den Teig ½–1 Stunde im Kühlschrank ruhen lassen. Auf einer bemehlten Arbeitsfläche zu kreisrunden Pizzas ausrollen und nach Geschmack belegen.

Backofen auf 220 °C vorheizen und die Pizzas jeweils in 15–20 Minuten knusprig backen. Falls Sie einen Pizzastein besitzen, backen Sie sie bei 250 °C für 10–15 Minuten.

Manchmal ist der Teig so elastisch, dass er trotz des Ausrollens immer wieder „zurückspringt". Da gibt es aber einen kleinen Trick: Wie Sie auf dem letzten Foto sehen können, lässt sich der Teig gut über der Tischkante dünn ausziehen.

„Isch abbe gar kein Hofen"

Pizza in der Pfanne

Nicht, dass ich dieses Rezept erfunden hätte, aber es ist so genial, dass es auch von mir stammen könnte. Erstmals publik wurde dieses Pizza-Rezept durch Sophia Loren in „Das Gold von Neapel".

Pizzateig nach dem Grundrezept (auf der vorhergehenden Doppelseite) herstellen.

Den Teig zu kreisrunden Pizzas formen, die größenmäßig auf die Pfanne zugeschnitten sind, die Ihnen zur Verfügung steht. In der beschichteten Pfanne 2 EL Olivenöl erhitzen und den Pizza-Fladen darin auf der unteren Seite kurz goldbraun anrösten. Wenden. Mit Zutaten Ihrer Wahl belegen. Einen Deckel auf die Pfanne setzen und den Pizza-Fladen so lange goldbraun braten, bis der Teig gar und der Mozzarella (den Sie ja sicherlich draufgelegt haben) geschmolzen ist. Zum Servieren eventuell mit weiteren frischen Zutaten, wie Basilikumblättern, Schinken oder Rucola, belegen.

Frank meint, diese Art, Pizza zu machen, sei das ideale Rezept für mich – ein Superessen ohne großen Aufwand und ganz ohne Hightech-Küchenausrüstung. Dabei hat er selber mit leuchtenden Augen eine Pizza in der Pfanne nach der anderen fabriziert. Frank ist der ideale Agent, er ist sehr genau und ein absoluter Technikfreak. Ich beneide ihn sehr um dieses Handy der neuesten Generation, das einfach alles kann: speichern, erfinden, antworten, befragen, kreativ sein … es kann sogar von irgendwo unterwegs den Ofen zu Hause anschalten, sodass der Lammbraten schon fertig ist, wenn wir dort ankommen.
Mist! Heute Abend hat es nicht funktioniert. Wie konnte das passieren? „Ach, halb so wild, nur ein Stromausfall", meint Frank. (Franks Rezept für Lammkeule finden Sie auf Seite 118.)

Secondi piatti HAUPTGANG

Auch mit ihren Fleisch- und Fischgerichten hebt sich Italiens Küche vom Rest der Welt ab. Der Hauptgang bietet eine Vielfalt von Möglichkeiten, die je nach Region ganz unterschiedlich sind, und dabei hat jedes Gericht seine ganz eigene Geschichte.

Rosa war fünfzehn, brünett und so wohlgeformt wie allgemein die Bauernmädchen ihres Alters. Alle Jungen im Dorf liefen ihr nach, ich eingeschlossen, doch sie warf uns nur Blicke zu, lächelte alle an und entschied sich für keinen. Normalerweise trug sie Jeans, nur sonntags nicht, da putzte sie sich heraus und hielt dann triumphierend Einzug in die Kirche. Allein ihretwegen gingen viele von uns zur Messe, einfach nur, um sie zu sehen, was man prompt irgendwann auch Don Gerasimo, dem besten, aber auch ironischsten Pfarrer der ganzen Diözese, hinterbrachte.

An einem Sonntag lud er uns Jugendliche zum Mittagessen ins Pfarrhaus, zu einem klassischen Lammbraten „Alla Cacciatora". Schließlich wandte er sich an Rosa und sagte: „Dank dir, meine Liebe, gehen seit einiger Zeit wieder alle zur Messe. Könntest du mir noch einen Gefallen tun? Stellst du bitte klar, dass sie keine Modenschau ist?"

Faraona alla panna
Perlhuhn in Sahnesauce

Für 4 Personen

1 Perlhuhn (ca. 1,2 kg)
Salz und frisch gemahlener Pfeffer
6 Zweige frischer Rosmarin
reichlich frische Salbeiblätter
3 Knoblauchzehen, ungeschält, halbiert, Keim entfernt
50 g Butter
3 EL Olivenöl
2 Schnapsgläser Wodka
250 g Schlagsahne

Zubereitung: ca. 1 ½ Stunden

Das vom Geflügelhändler vorbereitete Perlhuhn waschen und abtrocknen. Das Innere mit Salz und Pfeffer einreiben. 4 Zweige Rosmarin und den Salbei hineingeben und die Öffnung mit einem Holzstäbchen (oder einer Rouladennadel) verschließen. In einer Kasserolle die Butter und das Öl erhitzen, das Perlhuhn hinzufügen. Den Vogel zusammen mit dem Knoblauch und den beiden weiteren Rosmarinzweigen in dem Fett von allen Seiten möglichst gleichmäßig goldgelb anbraten. Die Hitze herunterschalten und 30 Minuten unter gelegentlichem Wenden weiterbraten (siehe Foto rechts). Wenn nötig, von Zeit zu Zeit ein wenig heißes Wasser hinzufügen.

Anschließend das Perlhuhn aus der Kasserolle nehmen und in vier Teile schneiden. Den Bratenfond durch ein Sieb gießen und beiseitestellen. Die Geflügelteile erneut in die Kasserolle geben. Die Hitze verstärken, das Perlhuhn mit dem Wodka übergießen und anzünden. Sobald die Flamme erloschen ist, die Hälfte der Sahne dazugeben und das Perlhuhn in 45 Minuten fertig garen. Dabei nach und nach die restliche Sahne hinzufügen. Kurz vor Ende der Garzeit den aufbewahrten Bratenfond dazugießen, mit Salz und frisch gemahlenem Pfeffer würzen. Die Geflügelteile auf einer vorgewärmten Servierplatte anrichten und mit der Sahnesauce übergießen.

Panna
Per cucinare
Cremosa e gustosa

Cosciotto di agnello alla fornaia
Lammkeule aus dem Ofen

Für 6 Personen

2 mittelgroße Zwiebeln
30 g Butter
3 EL Olivenöl
1 Lammkeule (ca. 2 kg), von Haut und Sehnen befreit
3 Knoblauchzehen
1 Glas trockener Weißwein
1 kg Kartoffeln
½ l Fleischbrühe
1 Kräutersträußchen (2 Zweige frischer Thymian, 1 Lorbeerblatt, einige Stängel Petersilie)
Salz und frisch gemahlener Pfeffer

Zubereitung: ca. 1 ½ Stunden

Die Zwiebel schälen und in Ringe schneiden. Die Butter und das Öl in einem großen Bräter erhitzen und die Zwiebelringe darin langsam goldgelb werden lassen.

Den Backofen auf 200 °C vorheizen. Die Lammkeule mit Salz und frisch gemahlenem Pfeffer einreiben. Mit einem spitzen Messer an drei Stellen einschneiden, in jede Öffnung eine ungeschälte Knoblauchzehe stecken. Die Keule zu den Zwiebeln in den Bräter geben und unter mehrmaligem Wenden von allen Seiten schön braun anbraten. Mit dem Wein aufgießen und die Hitze etwas herunterschalten.

Inzwischen die Kartoffeln schälen, waschen und in dicke Scheiben schneiden. Das Fleisch und die Zwiebeln aus dem Bräter nehmen und diesen mit den Kartoffelscheiben auslegen. Die Zwiebelringe darauf verteilen. Mit der heißen Brühe aufgießen – die Kartoffeln sollen ganz bedeckt sein –, salzen, pfeffern und das Kräutersträußchen hinzufügen. Die Lammkeule auf die Kartoffeln legen.

In den heißen Ofen geben und bei mittlerer Hitze etwa 30 Minuten garen. Dann die Keule wenden und weitere 30 Minuten garen. Man kann die heiße Lammkeule gleich im Bräter auftragen oder auch vor dem Servieren schon in Portionen schneiden.

Sella di coniglio ripiena

Gefüllter Kaninchenrücken mit Rosmarinsauce

Für 4 Personen

Für die Füllung:
50 g italienisches Weißbrot, ohne Rinde
2 EL Olivenöl extra vergine
1–2 Kaninchenlebern
Salz und frisch gemahlener Pfeffer
8 getrocknete Tomatenhälften, in Öl eingelegt
2 Zweige Rosmarin, Nadeln abgezupft
1 Knoblauchzehe, geschält, Keim entfernt
2–3 EL grüne Olivenpaste
2 Kaninchenrücken (ca. 1 kg mit Knochen)
2 EL Olivenöl extra vergine
100 ml Weißwein

Rosmarinsauce:
250 ml Kalbsfond
2 Zweige Rosmarin
1 Zweig Thymian
Salz und frisch gemahlener Pfeffer
50 g kalte Butter, in Würfel geschnitten

Zubereitung: ca. 45 Minuten

Für die Füllung das Weißbrot in Würfel schneiden und in einer Pfanne mit 2 EL Olivenöl goldbraun rösten und beiseitestellen. Die Lebern in große Stücke zerteilen und in derselben Pfanne von beiden Seiten anbraten, mit Salz und Pfeffer würzen. Die getrockneten Tomaten, Rosmarinnadeln und Knoblauch fein hacken. Brotwürfel mit Tomaten, Rosmarin, Knoblauch, Olivenpaste und Leberstücken vermischen und die Masse abschmecken. Die Knochen aus dem Kaninchenrücken auslösen, ohne den Bauchlappen abzuschneiden (man benötigt ihn zum Rollen!). Bauchlappen vorsichtig klopfen und einritzen, damit er sich beim Garen nicht verzieht. Die Füllung auf die Innenseite der Bauchlappen geben und diese mit den Filetsträngen zu einer Roulade aufrollen und mit Küchengarn verschnüren.

Den Backofen auf 180 °C vorheizen. Den gefüllten Kaninchenrücken in einem kleinen Bräter mit 2 EL Olivenöl von allen Seiten anbraten, dann im heißen Ofen 8–10 Minuten garen und mit Alufolie umhüllt auf einem vorgewärmten Teller noch etwa 10 Minuten im warmen, aber ausgeschalteten Backofen ruhen lassen. Den Bräter bei geringer Hitze auf den Herd stellen. Den Wein in den Bräter gießen und den Bratensatz lösen.

Für die Sauce den Kalbsfond mit Rosmarin und Thymian um die Hälfte einkochen, den Bratenfond aus dem Bräter durch ein Sieb dazugießen. Mit Salz und Pfeffer abschmecken. Ganz zum Schluss die kalten Butterwürfel hineingeben und schmelzen lassen. Das Fleisch in dicke Scheiben schneiden, die Sauce in einer vorgewärmten Sauciere auf den Tisch bringen.

Arista

Schweinebraten mit Rosmarin

Für 6 Personen

Im Jahr 1439 kamen in Florenz einige Bischöfe zu Beratungen zusammen. Abends wurde ihnen ein saftiger Schweinebraten mit Knoblauch und Rosmarin serviert. Die griechischen Gesandten waren derart beeindruckt, dass sie das Gericht als „aristos" bezeichneten, als „das Beste". Der Name ist dem Braten bis heute erhalten geblieben.

4 große Knoblauchzehen, geschält, Keim entfernt
2 EL frische Rosmarinnadeln plus einige Rosmarinzweige
Salz und frisch gemahlener Pfeffer
2 kg Schweinebraten (Schulter, ohne Schwarte, oder Nacken)
4 EL Olivenöl
2 Karotten, geschält und klein geschnitten
1 Stange Bleichsellerie, klein geschnitten
250 ml trockener Weißwein

Zubereitung: ca. 2 Stunden

Den Ofen auf 160 °C vorheizen.

Knoblauch und Rosmarinnadeln zusammen sehr fein hacken. In eine kleine Schüssel geben, salzen, pfeffern und zu einer breiartigen Menge verrühren. Den Braten rundum mit 1 cm tiefen Einschnitten versehen und mit der Rosmarinmischung spicken. Anschließend mit der restlichen Mischung und mit Olivenöl einreiben. Das Fleisch mit den zusätzlichen Rosmarinzweigen in einen Bräter geben, der etwa die Maße des Bratens hat.

Das Fleisch 1 Stunde im Ofen braten. Karotten und Sellerie um den Braten herum verteilen und 1 weitere Stunde braten. Das Fleisch soll beim Anschnitt in der Mitte saftig und zartrosa sein. Auf einen vorgewärmten Teller legen, rundum salzen und pfeffern und mit Alufolie umhüllt etwa 15 Minuten im warmen, aber ausgeschalteten Backofen ruhen lassen.

Den Bräter auf den Herd stellen und auf kleiner Flamme erhitzen, den Wein angießen und den Bratensatz mit einem Holzlöffel lösen. Die Sauce durch ein feinmaschiges Sieb passieren, eventuell Fett abschöpfen. Bei Bedarf wieder auf Serviertemperatur bringen.

Den Braten aufschneiden und auf einem vorgewärmten Servierteller anrichten. Die Sauce in einer vorgewärmten Sauciere reichen.

Fegato di vitello alla veneziana

Kalbsleber auf venezianische Art

Für 6 Personen

800 g Kalbsleber
400 g Zwiebeln, in dünne Scheiben geschnitten
60 g Butter
150 ml trockener Weißwein
Salz und frisch gemahlener Pfeffer
gehackte Petersilie nach Belieben

Zubereitung: 30 Minuten

Die Leber in sehr dünne mittelgroße Scheiben schneiden. Die Zwiebeln in der Hälfte der Butter in einer Pfanne goldbraun braten. Den Wein sowie Salz und Pfeffer hinzufügen, Deckel aufsetzen und die Zwiebeln bei schwacher Hitze weich dünsten. Aus der Pfanne nehmen und warm halten.

Während die Zwiebeln dünsten, die restliche Butter in der Pfanne zerlassen, die Leber hinzufügen und bei starker Hitze braten, bis sie gerade gar ist. Nach Geschmack auf beiden Seiten salzen und pfeffern und die Zwiebeln untermischen. Sofort servieren und, falls gewünscht, mit gehackter Petersilie garnieren.

Lonza al latte

Schweinebraten in Milch

Für 4 Personen

1 kg Schweinebraten (Nacken)
etwas Mehl zum Bestauben
50 g Butter
1 große Zwiebel
1 Zweig frischer Rosmarin
Salz und Pfeffer
500 ml Milch

Zubereitung: knapp 2 Stunden

Das Fleisch rundherum mit Mehl bestauben und mit Küchengarn zusammenbinden. Die Zwiebel schälen und fein hacken. In einem hohen, nicht zu großen Schmortopf die Butter erhitzen und die Zwiebel darin hellgelb anbraten. Das Fleisch und den Rosmarin hineingeben, von allen Seiten goldbraun braten und mit Salz und frisch gemahlenem Pfeffer würzen.

Die Hälfte der Milch angießen. Einige Male mit der Gabel leicht in das Fleisch stechen, damit etwas Saft austritt. Zugedeckt auf dem Herd bei schwacher Hitze 1 ½–2 Stunden garen lassen. Dabei nach und nach die restliche Milch dazugeben, damit die Sauce sämig bleibt.

Den Braten aus dem Topf nehmen, vom Küchengarn befreien, in dicke Scheiben schneiden und diese auf einem vorgewärmten Servierteller anrichten. Die eingekochte Sauce, die eine cremige Konsistenz haben sollte, durch ein Sieb über das Fleisch geben.

Agnello alle olive
Lammragout mit Oliven

Für 4 Personen

1 kg mageres Lammfleisch von der Schulter oder aus der Keule (beim Metzger in grobe Stücke schneiden lassen)
100 g grüne Oliven
100 g schwarze Oliven
2 Schnapsgläser Gin
3–4 EL Olivenöl
Salz und frisch gemahlener Pfeffer
1 Peperoncino
Saft von 2 Zitronen
½ l Fleischbrühe

Zubereitung: 2 Stunden

Die Lammfleischstücke in einen großen Schmortopf geben. Die Oliven entsteinen, halbieren und zum Fleisch geben. Den Gin und das Olivenöl hinzufügen, wenig salzen, reichlich pfeffern und mit dem klein gehackten Peperoncino bestreuen.

Den Saft der beiden Zitronen und eine Schöpfkelle voll Fleischbrühe darübergießen. Den Topf auf den Herd stellen. Das Gericht zugedeckt auf kleiner Flamme 1 ½ Stunden schmoren lassen. Falls nötig, etwas Brühe nachgießen, von Zeit zu Zeit umrühren. Nach beendeter Garzeit das Fleisch in eine vorgewärmte Schüssel umfüllen, die Sauce mit den Oliven darübergeben und sehr heiß servieren.

Ein Tipp zum Entsteinen von Oliven: Die Oliven auf einen flachen Teller legen und jeweils mit einem Holzlöffel flach drücken. Die Oliven springen auf, und man kann jetzt die Kerne leicht entfernen.

Stracotto al Barolo

Rindfleisch in Barolo

Für 4–6 Personen

1 kg Rindfleisch zum Schmoren
2 Karotten, geschält und in Stücke geschnitten
1 mittelgroße Zwiebel, grob gehackt
2 Stangen Bleichsellerie, in Stücke geschnitten
1 Handvoll Petersilienblätter
2 Lorbeerblätter
1 EL Wacholderbeeren
1 TL Pfefferkörner
50 g fetter Speck, gewürfelt
500 ml alter Barolo
1 EL (20 g) Butter
1 EL Olivenöl extra vergine
grobes Meersalz

Zubereitung: 3 Stunden plus mindestens 24 Stunden Marinierzeit

Das Fleisch, alle Gemüse, Kräuter und Gewürze sowie den Wein in eine Schüssel geben. Abdecken und im Kühlschrank mindestens 24 Stunden marinieren.

Das Fleisch aus der Schüssel nehmen und gut trocken tupfen; die Marinade aufheben. Das Fleisch rundherum mit kleinen Einschnitten versehen und die Spalten mit Speck füllen. Das Fleisch in einer feuerfesten Form in Butter und Öl von allen Seiten gut anbraten. Den Backofen auf 180 °C vorheizen. Das Gemüse aus der Marinade nehmen und zum Fleisch geben. 250 ml Wein und Salz nach Geschmack hinzufügen. Die Form abdecken und den Braten im Ofen etwa 3 Stunden schmoren, immer wieder wenden, wobei man, falls notwendig, noch Wein hinzufügt, damit das Fleisch nicht ansetzt.

Wenn das Fleisch gar ist, dieses auf einer Platte anrichten und warm stellen. Das Schmorgemüse, den restlichen Wein und die Schmorflüssigkeit zu einem groben Püree verarbeiten, durch ein Sieb streichen, wieder erwärmen und über das Fleisch geben. Sofort servieren.

Dieser Braten schmeckt wirklich ganz ausgezeichnet, wenn man ihn in einem guten alten Barolo schmort.

Arrosticini

Lammspieße vom Grill

Für 4 Personen

750 g Lammfleisch, in kleine Würfel geschnitten, das Fett nicht entfernen
30 Kirschtomaten, halbiert
20 kleine Schalotten, in Achtel geschnitten
10 Lorbeerblätter, in Stücke geschnitten
16–20 Bambusspieße, gewässert
etwas Salz
Olivenöl zum Bestreichen
frisch gemahlener Pfeffer

Zubereitung: 30 Minuten

Die Holzkohle rechtzeitig anzünden, damit die Arrosticini über der glühenden Asche sanft gegart werden können. Das Lammfleisch abwechselnd mit Kirschtomaten, Schalotten und Lorbeerblatt aufspießen, mit Olivenöl bestreichen. Die Bambusspieße werden vorher gewässert, damit sie nicht anbrennen.

Die Spieße auf einen Rost oder ein Grillblech legen und über die heiße Glut geben. Schön anrösten, nach 4 Minuten wenden und die andere Seite weitere 4 Minuten grillen. Dann salzen und nochmals von jeder Seite ganz kurz grillen.

Das Fleisch sollte nicht zu trocken werden, aber knusprig braun. Zum Schluss nach Belieben pfeffern.

Diese Spieße sind bei uns bei Grillpartys ungemein beliebt. Das Lammfleisch wird mit gutem Olivenöl bestrichen und über Holzkohle gegrillt.

Pollo al limone

Zitronenhuhn

Für 4 Personen

1 Huhn (etwa 1,75 kg), in 6 Stücke geteilt
40 g Butter
60 ml frischer Zitronensaft
2 EL Olivenöl
1 Knoblauchzehe, Keim entfernt, klein gehackt
1 EL frisch gehackter Oregano oder 1 TL getrockneter Oregano
Salz und frisch gemahlener Pfeffer
2 ganze Knoblauchknollen, längs halbiert
2 unbehandelte Zitronen, in Viertel geschnitten

Zubereitung: gut 1 Stunde plus Marinierzeit

Die Geflügelstücke auf der Hautseite mit der Butter einmassieren und dann mit der Hautseite nach unten in eine feuerfeste Form legen. Alle anderen Zutaten vermischen und über das Huhn geben. Das Huhn 1 Stunde ziehen lassen.

Den Ofen auf 200 °C vorheizen. Das Geflügel in eine feuerfeste Schmorpfanne geben, die Knoblauchknollen verteilen, die Marinade darübergießen und alles 30 Minuten im heißen Ofen braten. Die Stücke wenden und jetzt mit der Hautseite nach oben weitergaren, bis das Fleisch gebräunt und beim Einstechen nicht mehr rosa im Saft ist, etwa 30–45 Minuten.

Das Huhn auf einem vorgewärmten Servierteller anrichten, locker mit Alufolie abdecken und warm halten. Den Bratensaft durch ein feines Sieb in eine Schüssel streichen. Die Geflügelstücke mit der Sauce überziehen und sofort mit den Zitronenteilen und den Knoblauchknollen servieren.

Wer will, kann den Knoblauch aus der Schale drücken und auf leicht geröstetes rustikales Weißbrot streichen.

Ossobuco

Geschmorte Beinscheiben vom Kalb

Für 4–6 Personen

6 Beinscheiben vom Kalb, je 4 cm dick (ca. 1 ½ kg)
50 g Mehl
40 g Butter + 4 EL Olivenöl
8 Schalotten, ungeschält und halbiert
4 Stangen Bleichsellerie, in Scheiben geschnitten
5 Karotten, gewaschen, in Scheiben geschnitten
2 Knoblauchzehen, ungeschält und halbiert
Salz und frisch gemahlener Pfeffer
3 EL Tomatenmark
250 ml Rotwein
800 g passierte Tomaten
2 TL Zucker
1 EL frische Thymianblättchen
500 ml Fleischbrühe
Saft und Abrieb von ½ unbehandelten Zitrone

Für die Gremolata:
1 Bund Petersilie, fein gehackt
3 Knoblauchzehen, Keim entfernt, fein gehackt
Abrieb von 1–2 unbehandelten Zitronen
2 El Olivenöl
grobes Meersalz

Zubereitung: 1 gute Stunde

Den Backofen auf 180 °C vorheizen. Das Kalbfleisch im Mehl wenden, überschüssiges Mehl abschütteln. In einem großen, schweren Bräter bei mittlerer Hitze die Butter mit dem Öl schmelzen. Das Kalbfleisch hineingeben und auf dem Herd auf einer Seite goldbraun anbraten. Das Fleisch wenden, die Schalotten und alles Gemüse um das Fleisch herumlegen, das Tomatenmark dazugeben. Die Beinscheiben salzen und pfeffern und auch die zweite Seite zusammen mit dem Gemüse in etwa 4 Minuten anbraten.

Mit Rotwein ablöschen, die passierten Tomaten mit dem Zucker und den Thymianblättchen hinzufügen, aufkochen und 1 Minute köcheln lassen. Die Brühe angießen und aufkochen lassen, Saft und Abrieb einer halben Zitrone zufügen. Das Fleisch zugedeckt gut 1 Stunde im heißen Backofen schmoren, bis es zart ist. Dabei gelegentlich wenden.

Für die Gremolata Petersilie und Knoblauch mit der abgeriebenen Zitronenschale, dem Salz und dem Olivenöl vermischen. In einem Schälchen getrennt zum Ossobuco reichen.

Jutta liebt Ossobuco und sie bereitet dieses original Mailänder Gericht so super zu wie eine echte Italienerin.

Martina & Francesco

Francesco und meine Tochter Martina sind ein richtig glückliches Paar. Sie verbringen viel Zeit gemeinsam in der Küche, da er von Beruf Koch ist; aber genau deswegen finden sie auch immer eine Gelegenheit, sich zu streiten. Eine Prise Salz zu viel, Pecorino statt Parmesan oder ähnliche Kleinigkeiten genügen und schon geht es los. Wenn ich bei ihnen zum Essen bin, bin ich am Ende immer vollkommen fertig.

Eines Abends habe ich darum zu ihnen gesagt: „Hört mal, ihr beiden, ich sage es euch jetzt zum letzten Mal: So kann es nicht weitergehen, ständig gibt es Ärger. Von heute an vertragt ihr euch gefälligst, sonst komme ich nicht mehr her. Kocht diesen Risotto mit Scampi für mich in Ruhe und ohne Streit! Ein lauter Ton und ich verschwinde! Ist das klar? Ruft mich, wenn das Essen fertig ist."

Ich habe die Tür zur Küche hinter mir zugezogen, allerdings nur angelehnt, und bin ins Wohnzimmer gegangen, wo ich die mitgebrachte Flasche Pinot Bianco geöffnet habe. Nach einer Weile habe ich den Fernseher eingeschaltet und so getan, als würde ich weder das Geschrei noch das Scheppern von Töpfen und Geschirr aus der Küche hören.
„Ich habe gesagt, du sollst die Spitzen der Schwänze abschneiden, nicht wegschmeißen!"
„Ich hab sie doch nicht weggeschmissen, du Grützkopf … nur auf einen Teller gelegt!"
„Aber die gehören doch mit den Schwänzen in den Topf!"
„Das hast du mir nicht gesagt … hier hast du deine Spitzchen … und den Teller hau ich dir auf den Kopf!"
„Sehr witzig! ... Hast du die Zwiebel reingetan?"
„Ja, Sellerieschädel … und sogar die Karotte."
„Sehr gut, mein kleines hirnloses Birnchen, jetzt hack mal die Petersilie … aber ganz fein!"
„Zu Befehl, mein großer Hohlkürbis … aber nur, weil ich dich liebe."
Ich geb's auf.

Le ricette di Martina & Francesco:

Risotto di scampi e bietole, Seite 66
Cubi di tonno, Seite 142
Caponatina di verdure, Seite 160
Tiramisù al mascarpone, Seite 202

Cubi di Tonno
Thunfisch im Mohnmantel

Für 4 Personen

500 g frischer Thunfisch in Sushi-Qualität
100 g Mohnsamen
mittelscharfer Senf zum Bestreichen
Olivenöl zum Braten und Anrichten
4 Prisen Fleur de Sel (Meersalz-Flocken)
4 EL Waldbeerenkonfitüre

Zubereitung: 15–20 Minuten

Thunfisch in Würfel von jeweils ca. 4 cm Kantenlänge schneiden. Mohnsamen in einer dünnen Schicht auf einen flachen Teller geben. Alle Thunfischseiten dünn mit Senf bestreichen und im Mohn wälzen. In eine beschichtete Pfanne ein wenig Olivenöl geben, sodass der Pfannenboden so eben bedeckt ist.

Das Öl erhitzen und die Thunfischwürfel darin von allen Seiten jeweils etwa 40 Sekunden anbraten. Der Fisch ist innen noch roh und hat nur an den angebratenen Seiten weiße Farbe angenommen. Vom Herd nehmen. Die Würfel diagonal aufschneiden. Zum Servieren pro Person je 3 Thunfischwürfel anrichten, mit etwas Olivenöl beträufeln und mit Fleur de Sel bestreuen. Je 1 Löffel Konfitüre dazugeben.

Das Rezept stammt von Francesco, dem Freund meiner Tochter Martina. Der Fisch sieht super aus und schmeckt umwerfend gut. Aber man merkt schon, dass Francesco einer der jungen Köche in Rom ist, die die italienische Küche neu interpretieren.

Triglie in salsa rossa
Meerbarben in Tomatensauce

Für 4 Personen

1 Zwiebel, fein gehackt
2 Knoblauchzehen, Keim entfernt, leicht zerdrückt
4 EL Olivenöl
5 Tomaten, gehäutet und gewürfelt
1 Prise Chiliflocken
Salz und frisch gemahlener Pfeffer
125 ml trockener Weißwein
8 kleine Meerbarben oder 4 große (à 350–400 g), ausgenommen, aber mit Kopf und Schwanz
4–8 frische Thymianzweige

Zubereitung: 30 Minuten

Den Ofen auf 220 °C vorheizen. Eine Auflaufform, in der die Meerbarben nebeneinander Platz finden, mit Öl ausstreichen.

In einem Topf bei mittlerer Hitze die Zwiebel glasig dünsten und auch den Knoblauch sanft anbraten. Tomaten, Chiliflocken, Salz und Pfeffer zufügen und die Mischung stark erhitzen. Den Wein angießen und in etwa 10 Minuten einkochen. Den Knoblauch entfernen.

Die Fische kurz abspülen und trocken tupfen. Je einen Thymianzweig in die Bauchhöhle der Fische legen, innen und außen salzen und pfeffern. Die Fische in der Auflaufform hübsch arrangieren und die Tomatensauce darüber verteilen.

Etwa 15–20 Minuten im heißen Ofen garen, bis sie auch an den Gräten glasig sind. Die Meerbarben auf vorgewärmten Tellern anrichten und sofort zu Tisch bringen.

Sarde in saor

Süßsauer marinierte Sardinen

Für 6 Personen

1 kg frische Sardinen
125 g Mehl
Öl zum Ausbacken
Salz
4 EL Olivenöl extra vergine
2 Zwiebeln, in ganz dünne Scheiben geschnitten
200 ml Rotwein + 100 ml Rotweinessig
1 TL Zucker
1–2 Prisen gemahlener Zimt
frisch gemahlener Pfeffer
2 EL Pinienkerne, ohne Fett in der Pfanne geröstet
2 EL Sultaninen, in lauwarmem Wasser eingeweicht und abgetropft
fein gehackte Petersilie, nach Belieben

Zubereitung: 45 Minuten plus mindestens 24 Stunden Kühlzeit

Die Sardinen säubern und die Köpfe entfernen. Die Fische aufklappen, waschen, trocken tupfen und von beiden Seiten bemehlen.

Die Sardinen in sehr heißem Öl ausbacken, bis sie knusprig sind; auf Küchenkrepp abtropfen lassen. Mit Salz würzen. Das Olivenöl in einem Topf (nicht aus Aluminium) erhitzen und die Zwiebeln darin glasig andünsten. Wein, Essig und Zucker hinzufügen und mit Zimt und Pfeffer abschmecken. Einige Minuten kurz einkochen lassen, dann vom Feuer nehmen.

Die Sardinen in einer Schüssel mit Deckel aufschichten, dabei Pinienkerne, Sultaninen und Zwiebeln zwischen den Schichten verteilen. Am Schluss die Flüssigkeit mit den restlichen Zwiebeln darübergießen. Deckel auflegen und mindestens 24 Stunden im Kühlschrank marinieren. Falls gewünscht, mit Petersilie garnieren und kalt servieren.

Diese venezianische Spezialität schmeckt auch auf Crostini ganz wunderbar!

Coda di rospo

Seeteufel mit Zitronen und Kapern

Für 4 Personen

800 g Seeteufel am Stück
75 g Weizenmehl
Salz und frisch gemahlener Pfeffer
2 EL Olivenöl
60 g Butter
125 ml trockener Weißwein
3 EL frischer Zitronensaft
2 EL Kapern, klein gehackt
2 EL gehackte glatte Petersilie
1 unbehandelte Zitrone, in Scheiben geschnitten

Zubereitung: 15–20 Minuten

Den Seeteufel in ca. 1 ½ cm dicke Scheiben schneiden, die dicke Mittelgräte jeweils entfernen. Den Fisch kurz abspülen und trocken tupfen. Die Filets einzeln von beiden Seiten mit Frischhaltefolie abdecken und vorsichtig mit einem Fleischklopfer dünn klopfen, bis sie etwa einen halben Zentimeter dick sind.

Mehl mit Salz und Pfeffer auf einem Teller vermischen und die Filets darin wenden. Überschüssiges Mehl abschütteln.

In einer großen Pfanne bei mittlerer Hitze Öl und Butter schmelzen. Den Fisch portionsweise von jeder Seite 2 Minuten darin braten. Die Filets auf einen vorgewärmten Teller geben und warm stellen.

Den Bratensatz in der Pfanne mit Wein und Zitronensaft ablöschen, die Kapern hinzufügen. Bei starker Hitze die Sauce kurz einreduzieren. Die Petersilie unterrühren.

Den Fisch mit der Sauce begießen und mit den Zitronenscheiben dekorieren. Auf vorgewärmten Tellern sofort servieren – kalter Fisch schmeckt einfach nicht.

Involtini di pesce spada

Gefüllte Schwertfischrouladen

Für 4 Personen

4 dünne Schwertfischsteaks (insgesamt 500 g), ohne Haut
60 g frisch geriebene Semmelbrösel
2 EL Kapern, klein gehackt
1 große Knoblauchzehe, geschält, Keim entfernt, fein gehackt
2 EL fein gehackte Petersilie
4 EL geriebener Pecorino
Salz und frisch gemahlener Pfeffer
2 EL Olivenöl
2 TL Weißwein
1 TL Weißweinessig
2 EL Olivenöl zum Bestreichen
Bambusspieße, gewässert
Scheiben von unbehandelten Zitronen

Zubereitung: 20 Minuten

Den Grill im Ofen vorheizen oder ein Holzkohlenfeuer anzünden.

Für die Füllung in einer Schüssel Semmelbrösel, Kapern, Knoblauch, Petersilie, Pecorino, Salz und Pfeffer vermengen. 2 EL Olivenöl, Weißwein und Weißweinessig hinzufügen und alles gut vermischen.

Die Fischsteaks kurz abspülen und trocken tupfen. Jede Scheibe einzeln von beiden Seiten mit Frischhaltefolie abdecken und vorsichtig mit einem Fleischklopfer dünn klopfen, bis die Scheiben ungefähr ½ cm dick sind. Die Scheiben jeweils halbieren. Jede Scheibe mit einem Achtel der Füllung belegen, den Fisch aufrollen und die Seiten einschlagen. Mit den restlichen Fischscheiben ebenso verfahren. Jeweils zwei Rouladen nebeneinanderlegen und so auf die Spieße stecken, dass sie sich leicht berühren. Die Rouladen mit 2 EL Olivenöl bestreichen. (Die Bambusspieße werden vorher gewässert, damit sie nicht anbrennen.)

Die Spieße auf einen Grillrost legen und 3–4 Minuten von jeder Seite grillen. Die Spieße auf einem vorgewärmten Servierteller anrichten und mit Zitronenscheiben dekorieren. Heiß servieren.

Dies ist eine typisch sizilianische Art, Schwertfisch zuzubereiten. Sergio hat das Rezept mitgebracht – und wurde von unserer Fotografin Cettina kritisch beäugt, weil sie ja auch eine stolze Sizilianerin ist!

Spiedini di gamberi e calamari
Rosinas Meeresfrüchte-Spieße vom Grill

Für 4 Spieße

20 Gamberi oder kleine Scampi
4 mittelgroße Kalmare
4 Bambusspieße, gewässert
3 gehäufte EL Semmelbrösel
2 EL fein gehackte Petersilienblätter
2 EL Olivenöl
Salz und frisch gemahlener Pfeffer

Zubereitung: 15 Minuten

Die Gamberi oder Scampi schälen und den Darm entfernen; die Kalmare säubern, waschen und in mundgerechte Stücke schneiden. In einer Schüssel die Meeresfrüchte mit Semmelbrösel, Petersilie und Olivenöl vermischen. Mit Salz und Pfeffer würzen. Abwechsend Gamberi und Kalmare aufspießen. Über der heißen Glut eines Holzkohlengrills oder in der Grillpfanne von beiden Seiten kurz anrösten. Die Garzeit beträgt insgesamt 6–8 Minuten.

Rosina ist für mich die Beste, wenn es um die traditionelle Küche aus der Emilia Romagna geht. Ich stelle sie Ihnen auf Seite 76 vor.

Merluzzo alla Fulvio

Kabeljau mediterran

Für 4 Personen

4 schöne Filets vom Kabeljau oder Seehecht à 150–200 g
2 EL Olivenöl
200 ml passierte Tomaten
500 g geschälte Tomaten (aus der Dose), in Würfel geschnitten
20 schwarze Oliven, entsteint und halbiert
3 EL Kapern
1 Knoblauchzehe, Keim entfernt, fein gehackt
2 EL Petersilie
80 ml Weißwein
1 Handvoll Basilikumblätter
grobes Meersalz und frisch gemahlener Pfeffer
Saft von 1 Zitrone
1 unbehandelte Zitrone, geviertelt

Zubereitung: 25 Minuten

Den Backofen auf 200 °C vorheizen. Eine feuerfeste Form mit Olivenöl bestreichen. Die passierten Tomaten einfüllen und die Tomatenwürfel darauf verteilen. Fischfilets daraufsetzen, Oliven, Kapern, Knoblauch und Petersilie großzügig darüberstreuen. Das Ganze mit Weißwein benetzen und mit Salz und Pfeffer würzen. Die Form mit Alufolie abdecken und in den heißen Ofen stellen. Nach etwa 8 Minuten die Filets wenden und nun – ohne Alufolie – für weitere 8 Minuten garen. Vor dem Servieren mit Zitronensaft beträufeln und die Zitronenviertel mit auf den Tisch bringen.

Mit Fulvio verbinde ich nicht nur Zinnsoldaten. Sondern auch eine bunte Henne aus Plastik, deren Beine einknickten, wenn man sie nach unten drückte. Und dann plumpste ein Ei, Sie wissen schon, wo, heraus. Und ich denke an eine bleiche Kuh, der Milch aus dem Euter spritzte, wenn man den Schwanz rauf- und runterbewegte. Für mich und meinen Vetter Fulvio war das das Größte. Doch davon bleibt nur die Erinnerung. An eine vergangene Zeit.

Verdure GEMÜSE

Zu jedem richtigen Essen gehören feine Gemüse, sonst ist es nicht vollständig. Sie können das Gericht, das sie begleiten, geschmacklich unterstützen, wie beispielsweise meine geliebten Kartoffeln zum Arista (die mag ich sogar zum bayrischen Schweinsbraten, jawohl!).

Wie alle Landwirte liebte Giuseppe die Erzeugnisse seiner Scholle. Mit den Kartoffeln unserer Piana del Fucino war er reich geworden. Doch im Laufe der Zeit wurden immer mehr davon produziert, dass seine „Kollegen“ jammerten, weil sie so keine guten Preise mehr erzielten. Banken und Genossenschaften gewährten ihnen Kredite und Beihilfen zum Ankauf neuer Maschinen und Ausrüstungen, aber das genügte ihnen nicht. Sie waren nicht zufrieden, wenn sie nicht die modernsten Geräte auf dem neuesten Stand der Technik kaufen konnten. Der Staat gab Darlehen, Zuschüsse und Entschädigungen für Naturkatastrophen, aber selbst das genügte ihnen nicht. Sie verlangten Hochleistungsbewässerungsanlagen und neue Wasserwerke gegen die Trockenheit. Sie wollten, wollten, wollten immer mehr … aber wonach suchten sie eigentlich so verzweifelt?

Im Grunde, so dachte Giuseppe, fordert jeder Fortschritt seinen Preis. Doch solange ich noch eine Heugabel und einen Spaten habe, um meine Kartoffeln zu ernten, bin ich zufrieden.

Caponatina di verdure
Sizilianisches süßsaures Gemüse

Für 6 Personen

600 g Auberginen
300 g Bleichsellerie
400 g Zucchini
400 g Tomaten, gehäutet
1 Zwiebel
50 g Kapern, in Salz eingelegt
1 EL Pinienkerne
250 ml weißer Balsamico
1 EL Zucker
Olivenöl zum Braten
Salz und frisch gemahlener Pfeffer
Basilikumblätter, nach Belieben

Zubereitung: 45 Minuten plus 1 Stunde für das Entbittern der Auberginen

Die Auberginen putzen und in Würfel schneiden, nicht schälen. Die Würfel schichtweise auf ein großes Holzbrett geben und reichlich mit Salz bestreuen. Mit einem zweiten Holzbrett beschweren und 1 Stunde ziehen lassen. Dafür die Holzbretter in eine Spüle stellen, damit das Wasser abfließen kann. Die überschüssige bittere Flüssigkeit abgießen und die Auberginenwürfel mit kaltem Wasser abbrausen und trocken tupfen.

Den Bleichsellerie waschen und die Stangen in ca. 1 cm dicke Scheiben schneiden. Die Zucchini schälen und in Würfel schneiden. Die Tomaten in kleine Stücke schneiden, die Zwiebel schälen und in kleine Würfel schneiden. Die Kapern gründlich abbrausen, zusammen mit den Pinienkernen in eine Schüssel geben.

In einem ausreichend großen Topf die Zwiebelwürfel in Olivenöl anbraten und die Tomaten zugeben. Bei mittlerer Hitze 10 Minuten dünsten. Den Bleichsellerie hinzugeben, umrühren und zugedeckt etwa 15 Minuten al dente garen. Den Topf vom Herd nehmen und die Kapern-Pinienkern-Mischung zugeben. Zucker und Essig hinzufügen und gut verrühren. Die trockenen Auberginenwürfel in einer Pfanne mit Olivenöl goldbraun braten, auf Küchenpapier abtropfen lassen und dann ebenso dazugeben und alles gut vermischen. Abschmecken, pfeffern, eventuell salzen. Vor dem Servieren mit Basilikumblättern dekorieren.

Finocchi montagliari

Geschmorter Fenchel mit Tomaten

Für 4 Personen

4 EL Olivenöl extra vergine
2 Fenchelknollen, geputzt, längs halbiert und in 1 cm dicke Scheiben geschnitten
4 Stängel glatte Petersilie, nur die Blätter, fein gehackt
2 kleine Knoblauchzehen, Keim entfernt, fein gehackt
200 ml Tomaten aus der Dose, ohne Saft, gehackt
Meersalz und frisch gemahlener Pfeffer
125 ml Wasser

Zubereitung: ca. 30 Minuten

Das Olivenöl in eine mittelgroße, schwere Kasserolle geben. Fenchel, Petersilie, Knoblauch und Tomaten hinzufügen und mit einem Holzlöffel zerdrücken. Mit Salz und Pfeffer abschmecken und die 125 ml Wasser angießen. Einen Deckel auflegen und bei niedriger Hitze unter gelegentlichem Rühren 20–25 Minuten köcheln lassen, bis der Fenchel gar ist.

Radicchio grigliato

Gegrillter Radicchio

Für 6 Personen

3 mittelgroße Köpfe Radicchio di Treviso (etwa 500 g),
gewaschen, abgetropft und längs halbiert
Olivenöl zum Beträufeln
Weißweinessig zum Beträufeln
Meersalz
Alufolie

Zubereitung: 20 Minuten

Den Backofengrill einschalten oder im Freien rechtzeitig vor der Zubereitung ein Holzkohlefeuer anzünden.

Bei der Zubereitung im Backofen die Radicchio-Hälften mit der Schnittseite nach unten in eine flache Grillpfanne oder auf einen Grillrost legen, der über der Grillpfanne sitzt. Mit etwas Olivenöl beträufeln. Pfanne oder Rost knapp unterhalb der Grillschlangen in den Ofen stellen und den Radicchio etwa 5–8 Minuten grillen, bis er gut gebräunt ist. Wenden, wieder mit Olivenöl beträufeln und die zweite Seite in weiteren 5 Minuten schön bräunen.

Bei der Zubereitung auf dem Holzkohlefeuer die Radicchio-Hälften (je zwei) in eine ca. 40 cm lange Alufolie legen. In die Schnittflächen etwas Olivenöl und etwas Essig träufeln, mit Salz bestreuen. Die Alufolie über dem Radicchio zu einem Päckchen verschließen. Von beiden Seiten über der heißen Glut garen. Sofort servieren.

Patate arrosto

Kartoffeln aus dem Ofen

Für 4 Personen

Die knusprigen Kartoffeln mit einem Hauch Rosmarin werden hintereinander auf dreierlei Weise gegart: gekocht, gebraten und schließlich gebacken.

800 g vorwiegend festkochende Kartoffeln, geschält
und in 3 × 4 cm große Stücke geschnitten
Meersalz und frisch gemahlener schwarzer Pfeffer
30 g Butter
2 EL Olivenöl extra vergine
1 Rosmarinzweig
1 EL fein geriebene Semmelbrösel

Zubereitung: 45 Minuten

Den Backofen auf 200 °C vorheizen.

Die Kartoffeln in einem großen Topf reichlich mit kaltem Wasser bedecken. Das Wasser zum Kochen bringen und Salz hinzufügen. Die Kartoffeln 3 Minuten garen, danach abgießen.

Butter, Olivenöl und Rosmarin in eine große, schwere ofenfeste Pfanne geben, in der die Kartoffeln gut nebeneinander Platz haben. Bei mittlerer bis hoher Temperatur erhitzen, bis die Butter geschmolzen ist. Die Kartoffeln darin unter Wenden braten, bis sie beginnen zu bräunen. Mit Salz und Pfeffer nach Geschmack würzen, mit den Semmelbröseln bestreuen und durchmischen. Die Pfanne auf der mittleren Schiene in den Ofen schieben. 35–40 Minuten backen, bis die Kartoffeln außen knusprig und innen cremig weich sind, dabei gelegentlich durchmischen. Heiß servieren.

Carciofi alla romana
Artischocken auf römische Art

Für 4 Personen

8 Artischocken
Saft von 1 Zitrone
3 Knoblauchzehen
einige frische Minzeblätter
1 Bund Petersilie, die groben Stängel entfernt
2–3 EL fein geriebene Semmelbrösel
100 ml Olivenöl extra vergine
Salz und frisch gemahlener Pfeffer

Zubereitung: ca. 1 ½ Stunden

Die äußeren, trockenen Blätter und die stacheligen Spitzen der Artischocken entfernen. Die Stiele bis auf einen ca. 3 cm langen Rest abschneiden, der von den harten Fasern befreit werden muss. Die Artischocken in eine große Schüssel mit kaltem Wasser und Zitronensaft geben, damit sich die Schnittflächen nicht verfärben.

Den Knoblauch, die Minze und die Petersilie sehr fein hacken, in eine Schüssel geben und mit 2–3 EL Semmelbrösel vermischen. So viel Öl hinzufügen, dass eine dickflüssige Masse entsteht. Mit einer Prise Salz und reichlich frisch gemahlenem Pfeffer würzen und gut vermengen.

Den Backofen auf 170 °C vorheizen. Die Artischocken aus dem Wasser nehmen, trocken tupfen und die Blätter leicht auseinanderdrücken, sodass dazwischen eine Vertiefung entsteht. Das Heu mit einem Löffelchen entfernen.

Etwas von der Füllung in die Zwischenräume geben und andrücken. Die Blätter wieder zusammenfügen, damit die Füllung nicht herausfällt. Die Artischocken mit den Stielen nach oben in eine feuerfeste Form geben, zunächst mit dem Olivenöl und dann mit so viel Wasser begießen, dass sie zur Hälfte bedeckt sind. Mit Salz und reichlich frisch gemahlenem Pfeffer würzen und die Artischocken bei mittlerer Hitze 1 Stunde im Backofen garen.

In der Form servieren, Fingerschalen mit einigen Zitronenscheiben dazu reichen. Man kann die Artischocken warm oder kalt essen. Besonders gut eignen sie sich als Vorspeise.

Fagioli all'uccelletto

Weiße Bohnen mit Tomaten und Salbei

Für 6 Personen

2 kleine Knoblauchzehen, Keim entfernt, in feine Scheiben geschnitten
3 EL Olivenöl extra vergine
500 g Tomaten aus der Dose, mit Saft
2 TL grob gehackte frische Salbeiblätter oder ¾ TL getrockneter Salbei
Meersalz und frisch gemahlener schwarzer Pfeffer
650 g gekochte Cannellini-Bohnen, ersatzweise aus der Dose
2 EL Olivenöl
frische Salbeiblätter zum Garnieren

Zubereitung: 40 Minuten

In einem großen, schweren Topf den Knoblauch im Olivenöl bei mittlerer Temperatur braten, bis er Farbe annimmt. Die Tomaten mit dem Salbei sowie Salz und Pfeffer nach Geschmack hinzufügen und 5 Minuten bei hoher Temperatur kochen lassen; dabei die Tomaten mit einem Holzlöffel in größere Stücke zerteilen.

Die Bohnen mit 375 ml ihres Kochwassers, falls vorhanden, dazugeben. Alles 30 Minuten ohne Deckel köcheln lassen; gelegentlich rühren. Falls die Mischung zu dick wird, weitere Flüssigkeit der Bohnen hinzufügen.

Die Salbeiblätter ganz kurz in heißem Olivenöl braten und die Bohnen damit garnieren.

Patate della contadina
Kartoffelauflauf nach Bauernart

Für 6 Personen

1 ½ kg vorwiegend festkochende Kartoffeln, geschält
Meersalz und frisch gemahlener schwarzer Pfeffer
100 g Butter plus etwas mehr für die Form
30 g Mehl
900 ml Milch
125 g frisch geriebener Parmesan
1 Messerspitze frisch geriebene Muskatnuss
100 g Prosciutto, in feine Streifen geschnitten

Zubereitung: ca. 45 Minuten

Die Kartoffeln in einem großen Topf mit reichlich Wasser bedecken und Salz hinzufügen. Zum Kochen bringen und die Kartoffeln garen, dann abgießen. In eine große Schüssel geben und mit einem Kartoffelstampfer gut zerdrücken. Mit Salz und Pfeffer nach Geschmack würzen.

Den Backofen auf 220 °C vorheizen. Eine ungefähr 24 × 30 cm große feuerfeste Form mit einem mindestens 5 cm hohen Rand mit Butter ausstreichen.

In einem schweren Topf 75 g Butter bei mittlerer Temperatur zerlassen. Das Mehl einstreuen und rühren, bis die Mischung aufschäumt. Die Milch dazugießen, unter Rühren zum Kochen bringen und dann bei reduzierter Temperatur 1 Minute köcheln lassen. 100 g des Parmesan einstreuen und die Sauce glatt rühren. Vom Herd nehmen und zuletzt mit Muskatnuss, Salz und Pfeffer abschmecken.

Die Hälfte der Kartoffelmasse in die vorbereitete Form geben und glatt streichen. Mit der Hälfte des Schinkens bedecken und gleichmäßig mit der Käsesauce überziehen. Die übrigen Zutaten in der gleichen Reihenfolge einfüllen. Den Auflauf mit den restlichen 25 g Parmesan bestreuen und 25 g Butter in Flöckchen darauf verteilen.

Den Auflauf 20–25 Minuten backen, bis er appetitlich gebräunt ist. Sofort servieren.

Cavolo nero con le fette

Schwarzkohl und Bohnen

Für 8 Personen

Schwarzkohl ähnelt dem Grünkohl, schmeckt aber noch etwas aromatischer. Bei uns wird Schwarzkohl zusammen mit weißen Bohnen auf geröstetem und mit Knoblauch eingeriebenem Pane toscano, einem rustikalen Weißbrot, angerichtet. Man kann dieses Gericht als herzhafte Vorspeise für ein winterliches Mahl servieren.

600 g Schwarzkohl (siehe zweites Bild von rechts) oder Grünkohl,
von Strünken, Blattstielen und Blattrippen befreit, nach Belieben blanchiert
Meersalz
8 leicht getrocknete Scheiben kerniges Weißbrot, je gut 2 cm dick
1–2 große Knoblauchzehen
400 g gekochte Cannellini, ersatzweise aus der Dose
Olivenöl extra vergine, zum Beträufeln

Zubereitung: 30 Minuten

Die Kohlblätter in 5 cm große Stücke schneiden. In einem großen Topf 1 ½ l Wasser zum Kochen bringen und Salz hinzufügen. Den Kohl hineingeben und zugedeckt 15–20 Minuten simmernd garen; eventuell die Kochzeit verlängern. Den Topf vom Herd ziehen, aber den Kohl nicht herausnehmen.

Den Backofen auf 200 °C vorheizen.

Die Brotscheiben nebeneinander auf ein Backblech legen und 8 Minuten im Ofen rösten, bis sie hellbraun sind. Wenden und von der zweiten Seite 6–8 Minuten leicht bräunen. Das noch heiße Brot von einer Seite mit Knoblauch einreiben und mit dieser Seite nach oben auf einzelne Teller legen.

Den Kohl mit einem Schaumlöffel aus dem Topf nehmen und auf den Brotscheiben verteilen, das Kochwasser nicht weggießen. Die heißen Bohnen jeweils löffelweise auf das Brot geben und mit 1–2 EL des Kohlwassers begießen. Dazu eine Karaffe mit Olivenöl zum Beträufeln auf den Tisch stellen, damit sich jeder nach persönlichem Geschmack bedienen kann.

Gratin di verdure

Rosinas Gemüsegratin

Für 4–6 Personen

3 große Gemüsezwiebeln, in 2 cm dicke Ringe geschnitten
3 große Fleischtomaten, in 2 cm dicke Scheiben geschnitten
2 mittelgroße Auberginen, in 2 cm dicke Scheiben geschnitten
4 kleine Zucchini, halbiert
2 rote oder gelbe Paprikaschoten, geviertelt
1 Knoblauchzehe, Keim entfernt und fein gehackt
Salz und frisch gemahlener Pfeffer
2 EL Olivenöl
2–3 EL fein geriebene Semmelbrösel
2 EL gehackte Petersilie

Zubereitung: 30 Minuten

Den Backofen auf 200 °C vorheizen. Eine feuerfeste Form mit Olivenöl bepinseln. Die Gemüse darin einschichten. Die Schichten jeweils mit Salz und Pfeffer würzen. Die letzte Schicht mit Olivenöl beträufeln und dünn mit den Semmelbröseln bestreuen. Im heißen Ofen etwa 20 Minuten backen. Mit Petersilie bestreuen und heiß servieren.

Piselli in padella

Erbsen mit Frühlingszwiebeln und Speck

Für 4–6 Personen

Der in Erbsen enthaltene Zucker verwandelt sich nach der Ernte rasch in Stärke. Daher sollte man Erbsen, um in den vollen Genuss ihres lieblichen Geschmacks zu kommen, möglichst erntefrisch zubereiten.

1 mittelgroße Frühlingszwiebel, geputzt und gehackt
1 mittelgroße Knoblauchzehe, Keim entfernt, in feine Scheiben geschnitten
100 g Pancetta, in Würfel geschnitten
4 EL Olivenöl extra vergine
1 ½ kg Erbsen, gepalt (ohne Hülsen 500–600 g)
¼ TL Zucker
Meersalz

Zubereitung: 15 Minuten

Frühlingszwiebel, Knoblauch und Pancetta mit dem Olivenöl in eine mittelgroße Pfanne geben. Bei niedriger Temperatur braten, bis die Zwiebel weich ist. Die Erbsen mit 100 ml Wasser, dem Zucker und Salz nach Geschmack hinzufügen. Ohne Deckel garen und dabei häufig rühren, bis die Erbsen nach etwa 10 Minuten fertig sind.

Crespelle di verdure

Crêpe-Päckchen mit Zucchini-Kürbisblüten-Füllung

Für 6 Personen

Für den Crêpe-Teig:
2 große Eier
125 ml Milch
½ TL Meersalz
125 g Mehl
200–250 ml Wasser
3 EL Olivenöl extra vergine plus etwas mehr für die Pfanne
Für die Füllung:
3 mittelgroße Zucchini (250 g), geputzt und in gut 1 cm große Würfel geschnitten
1 große Zwiebel, in feine Scheiben geschnitten
3 EL Olivenöl extra vergine
80 ml Wasser
Meersalz
180 g Kürbisblüten
50 g plus 1 ½ EL frisch geriebener Pecorino
3 EL fein geriebene Semmelbrösel
1 EL gehackte glatte Petersilie

Zubereitung: 2 ½ Stunden plus 1 Stunde Ruhezeit für den Teig

Eier, Milch und Salz in einer großen Schüssel mit einem Schneebesen verquirlen. Mehl gut unterrühren, bis die Mischung glatt ist. 150 ml Wasser und 3 EL Olivenöl einrühren. Den Teig 1 Stunde ruhen lassen.

Eine Crêpe-Pfanne von etwa 20 cm Durchmesser dünn mit Öl ausgießen, erhitzen. Vom Herd nehmen, abkühlen lassen und das Öl bis auf einen feinen Film mit Küchenpapier auswischen. Zwischen den einzelnen Backdurchgängen wird kein weiteres Öl benötigt. Alternativ wird eine kleine Pfanne mit Antihaftbeschichtung verwendet und vor dem Backen der ersten Crêpe nur leicht mit Öl ausgestrichen.

Weitere 80 ml Wasser, eventuell etwas mehr oder weniger, in den Teig rühren. Die Pfanne bei niedriger bis mittlerer Temperatur erhitzen. 60 ml Teig hineingeben und durch Schwenken der Pfanne verteilen – der Boden soll sehr dünn, aber gleichmäßig bedeckt sein.

Sobald der Teig auf der Unterseite goldbraun ist, die Crêpe mit einem Palettmesser wenden und den Teig von der zweiten Seite eben stocken lassen. Die Crêpe auf einen großen Teller legen und die nächste backen – insgesamt werden 16 Crêpes benötigt. Falls sie nicht sofort weiter verarbeitet werden, stapelt man sie mit Zwischenlagen aus Frischhaltefolie auf einen Teller übereinander und stellt sie, mit Folie abgedeckt, in den Kühlschrank.

Für die Füllung Zucchiniwürfel, Zwiebelscheiben, 2 EL Olivenöl und 80 ml Wasser in einen Topf geben, salzen und zugedeckt bei niedriger Temperatur 40-45 Minuten dünsten, bis die Zucchini fast zerkocht sind und keine Flüssigkeit mehr im Topf ist. Vom Herd nehmen und abkühlen lassen.

Von den Kürbisblüten die Stiele und Stempel entfernen. Die Blüten in eine Schüssel mit kaltem Wasser tauchen, herausnehmen, kurz abtropfen lassen und mit dem noch anhaftenden Wasser in einen kleinen, schweren Topf geben. 1 EL Olivenöl und ¼ TL Salz hinzufügen. Einen Deckel auflegen und die Blüten bei niedriger Hitze 20 Minuten dünsten. Dann mit einer Küchenschere grob zerschneiden und ohne Deckel weitergaren, bis die gesamte Flüssigkeit verdampft ist. Vom Herd nehmen und abkühlen lassen.

Zucchini und Kürbisblüten in einer großen Schüssel mit einer Gabel zu grobem Püree zerdrücken. 50 g Pecorino, Semmelbrösel und Petersilie untermischen; die Füllung mit Salz abschmecken.

Den Backofen auf 200 °C vorheizen. Eine Gratinform von etwa 24 × 30 cm mit Öl ausstreichen. Die Crêpes mit der gebräunten Seite nach unten auf eine Arbeitsfläche legen. In die Mitte jeder Crêpe die gleiche Menge Füllung geben. Zwei gegenüberliegende Seiten der Crêpe umschlagen, sodass die Füllung völlig bedeckt ist. Die beiden anderen Seiten darüberfalten. Die Crespelle in die Gratinform setzen; mit den restlichen 1 ½ EL Pecorino bestreuen. 25–30 Minuten backen, bis die Päckchen heiß sind und der Käse etwas gebräunt ist.

Melanzane alla parmigiana

Auberginenauflauf

Für 4 Personen

5 große Auberginen
Salz und frisch gemahlener Pfeffer
1 kg reife Tomaten
6 EL Olivenöl plus Olivenöl für die Form
2 Knoblauchzehen
2–3 Mozzarellakugeln (à 125 g)
150 g gekochter Schinken
150 g geriebener Parmesan

Zubereitung: ca. 1 Stunde

Die Auberginen vom Stiel befreien, schälen und in nicht zu dünne, möglichst regelmäßige Scheiben schneiden. Die Scheiben schichtweise auf ein Holzbrett oder einen Teller geben, jede Schicht salzen und das Gemüse mit einem zweiten Brett (bzw. einem großen Teller) beschweren. Die beiden Bretter mit dem Gemüse für 1 Stunde leicht schräg in das Spülbecken stellen, sodass die bittere Flüssigkeit der Auberginen abfließen kann.

In der Zwischenzeit die Sauce zubereiten: Die Tomaten kurz in kochend heißes Wasser tauchen, anschließend häuten, halbieren und in dünne Scheiben schneiden.

In einem Topf bei schwacher Hitze die Knoblauchzehen in etwas heißem Olivenöl goldgelb werden lassen, die Tomaten hinzufügen und mit einem Holzlöffel zerdrücken. Salzen, pfeffern und die Sauce bei schwacher Hitze etwas einkochen lassen; vom Feuer nehmen.

Die abgetropften Auberginenscheiben gründlich trocken tupfen und portionsweise in viel heißem Öl goldbraun braten. Eine große, flache Auflaufform mit Öl ausstreichen, den Mozzarella in dünne Scheiben und den Schinken in feine Streifen schneiden. Den Backofen auf 180 °C vorheizen.

Eine Schicht Auberginen in die gefettete Form geben, mit etwas Sauce übergießen, mit einer guten Handvoll Parmesan bestreuen, mit Mozzarella-Scheiben und Schinkenstreifen belegen. Dann eine zweite Schicht Auberginen darübergeben und auf dieselbe Weise belegen (einige Scheiben Mozzarella bis zuletzt aufbewahren). Die letzte Schicht Auberginen wird nur mit der Sauce übergossen, mit Parmensan bestreut und mit den restlichen Mozzarellascheiben belegt.

Den Auflauf in etwa 30 Minuten im heißen Ofen goldbraun überbacken. Sofort in der Form servieren.

Purè di fave con peperoni e pomodorini

Dicke-Bohnen-Püree mit Paprika und Kirschtomaten

Für 4–6 Personen

450 g getrocknete Dicke Bohnen (möglichst ohne braune Haut), mit reichlich kaltem Wasser bedeckt über Nacht eingeweicht
Meersalz
2 EL Olivenöl extra vergine
250 g Rucola, geputzt, gewaschen und trocken geschüttelt
1 Scheibe altbackenes italienisches Weißbrot, in Stücke zerpflückt
400 g rote oder grüne längliche Paprikaschoten, ganz belassen, oder runde Schoten, Samen und Scheidewände entfernt, in Viertel geschnitten
300 g Kirschtomaten

Zubereitung: 3 ½ Stunden (inklusive Kochzeit der Dicken Bohnen)

Die Dicken Bohnen abseihen und bei ungeschälten Bohnen die dunkle Haut entfernen. In einem großen Topf reichlich mit kaltem Wasser bedecken und einmal aufkochen lassen. Bei reduzierter Hitze ohne Deckel 3 Stunden köcheln lassen, dabei gelegentlich rühren und nach 2 Stunden 1 TL Salz und 1 EL Olivenöl hinzufügen. Sobald die Bohnen zerfallen, häufiger rühren und, falls sie am Boden ansetzen, weiteres Wasser dazugeben.

In einem großen Topf reichlich Wasser zum Kochen bringen und salzen. Den Rucola 3 Minuten blanchieren. Abseihen, abschrecken und abtropfen lassen. Gut ausdrücken und grob hacken. Nach insgesamt 3 Stunden sollten die Bohnen zu Püree verkocht sein. Rucola und Brotstückchen dazugeben. Bei niedriger Hitze rühren, bis das Brot vermengt ist; mit Salz abschmecken.

Ganze Paprikaschoten in der Mitte zweimal einschneiden, damit sie beim Rösten nicht aufplatzen. In einer großen Pfanne 1 EL Olivenöl stark erhitzen. Die Paprikaschoten auf einer Seite scharf anbraten, mit einer Zange wenden, von der zweiten Seite genauso braten und auf eine Platte geben. Die Kirschtomaten in die Pfanne geben, unter häufigem Rühren ebenfalls braten und zuletzt mit Salz abschmecken. Das Püree in einer großen Schüssel mit den Paprikaschoten und den Kirschtomaten anrichten.

Übrig gebliebenes Püree schmeckt aufgebraten super. Einfach in einer Pfanne etwas Olivenöl erhitzen und das Püree darin von beiden Seiten braten.

Franca & Alvia

Alvia und Franca sind meine besten Freundinnen seit unseren Anfangszeiten als Schauspieler, als wir gemeinsam auf Tournee gingen und unterbezahlt, wie wir waren, alles miteinander teilen mussten … von der Unterkunft bis zum Teller Nudeln. Die Kollegen mit der höheren Gage schliefen im Hotel und gingen fast immer ins Restaurant essen.

Heute sehen wir uns nicht so oft wie früher. Aber wenn wir uns treffen, genügt einer von unseren Dauerbrennerscherzen, zum Beispiel: „Wie viele Bohnen haben wir noch?" oder „Wann können wir uns auch mal einen Restaurantbesuch leisten?", und sofort ist unsere frühere Vertrautheit da, die untrennbar mit diesen Erinnerungen verbunden ist. Wir hatten nur noch eine Handvoll Pasta und ein paar Bohnen … und einen eingefrorenen Markknochen, den Franca zwei Wochen vorher von unserem Metzger als Dreingabe erbeten hatte. Der Tourneeleiter schuldete uns nicht nur die Gage für die letzten zehn Auftritte … sondern auch die Tagessätze eines ganzen Monats! Wenn wir also Suppe wollten, mussten wir nehmen, was da war! „Wir gehen noch mal proben. Wenn es so weit ist, holst du den Knochen raus und gibst die Bohnen hinein. Wenn die fast weich sind, schütte die Nudeln dazu."

Als ich den Knochen aus dem Topf holte, ganz vorsichtig, um mich nicht zu verbrennen, und die Brühe kostete, schmeckte sie nach nichts. „Da muss noch Salz rein", dachte ich mir, „und Gewürze." So schmeckte es schon besser. „Und jetzt die Bohnen." Ich deckte den Tisch, stellte die Flasche Wein hin und kostete dann eine Bohne, die mir aber noch ziemlich roh vorkam. Also wartete ich, nahm mir Kehrbesen und Schaufel und fegte ein wenig den Boden. Daraufhin rührte ich die Suppe wieder um, fügte ein wenig Wasser hinzu und probierte noch einmal. „Na also, beinahe durch", dachte ich, nahm die Nudeln und ließ sie in die Suppe gleiten. Dann kostete ich noch ein paar Mal von den Nudeln, um zu sehen, ob sie gar waren. „Ja, prima, jetzt ist alles fertig!" Nun verteilte ich diese seltsame Mischung, in der nur ein paar Nudeln und keine Bohnen mehr schwammen.

Unser Tourneeleben glitt so dahin zwischen Theatern, einer Handvoll Nudeln auf dem Teller und flüchtigen Glücksmomenten. Doch eigentlich spielte es kaum eine Rolle, was es zu essen gab, sondern dass man die Mahlzeiten miteinander teilte.

Le ricette di Franca & Alvia

Fiori di zucca, Seite 40
Lasagna tradizionale napoletana della nonna, Seite 88
Polpettine di melanzane, Seite 188
Crema e pesche, Seite 206

Polpettine di melanzane

Alvias Auberginenbällchen

Für 14 Auberginenbällchen

1 kg Auberginen
4 EL Olivenöl
1 Knoblauchzehe, Keim entfernt, gehackt
Salz und frisch gemahlener Pfeffer
300 g geräucherter Scamorza-Käse, in kleine Würfel geschnitten
100 g Semmelbrösel
2 EL gehackte Petersilie
2 EL gehackte Basilikumblätter
2 Eier
2–3 EL geriebener Pecorino
500 ml Tomatensugo oder passierte Tomaten
reichlich geriebener Pecorino zum Bestreuen

Zubereitung: ca. 40 Minuten

Die Auberginen schälen und in kleine Würfel schneiden. In einer großen Pfanne das Olivenöl erhitzen und die Auberginenwürfel darin 10–15 Minuten von allen Seiten anbraten. Zum Schluss den Knoblauch unterrühren. Mit wenig Salz und Pfeffer würzen. Den Scamorza mit Petersilie und Basilikum im Mixer vermischen und mit den Semmelbröseln und den abgetropften und abgekühlten Auberginen zu einem Püree verarbeiten. Die zwei Eier mit dem Pecorino verquirlen, das Auberginenpüree dazugeben und alles gut vermischen.

Den Backofen auf 200 °C vorheizen. Den Tomatensugo oder die passierten Tomaten in eine Auflaufform geben. Die Auberginenmasse zu kleinen Bällchen formen und in die Auflaufform setzen. Auf jedes Bällchen einen Klacks Tomatensugo geben und jedes mit einem Löffelchen Pecorino bestreuen. Die Auflaufform in den heißen Ofen stellen und die Polpettine etwa 20 Minuten backen.

Man kann die Auberginenbällchen auch in heißem Öl ausbacken. Dafür diese zunächst in Semmelbröseln wälzen. Vor dem Servieren die goldbraun gebratenen Bällchen auf Küchenpapier abtropfen lassen.

8 86
1 kg melanzane
300 gr mozzarella
2 uova
2 cucchiaini parmigiano
Formare delle polpette
Infornare

WAMAR

Dolci SÜSSSPEISEN

Meine Mutter packte mir diese Plätzchen immer in eine alte Keksdose der Marke WAMAR, die ich nur mit Mühe in meine schmale Kindergartentasche bekam. Nach dem Mittagessen kam meine kleine Sandkastenfreundin immer gleich zu mir gelaufen. „Wo sind die Plätzchen von deiner Mutter?", fragte sie mich und ihre großen schwarzen Augen leuchteten auf. „Hier sind sie, nimm nur." Ich liebte es, ihr diese Plätzchen zu überreichen, liebte ihr Lächeln, diese strahlenden Augen, während sie sie aß. Sie mochte die Plätzchen und ich mochte es, Laura glücklich zu machen.

Sorbetto alle nettarine

Nektarinensorbet

Für 4–6 Personen

150 ml Wasser
200 g Zucker
2 TL Honig
1 kg schöne reife Nektarinen mit gelbem Fleisch
Saft von 1 Zitrone

Zubereitung: 30–40 Minuten plus Gefrierzeit

Zucker und Honig im Wasser auflösen und bei schwacher Hitze unter Rühren zum Kochen bringen. Sobald sich auf der Oberfläche große Blasen bilden, den Topf vom Herd nehmen und den Sirup erkalten lassen.

In einem zweiten Topf Wasser zum Kochen bringen, vom Herd nehmen und die Nektarinen kurz hineintauchen. Die Früchte häuten, in Stücke schneiden und mit dem Zitronensaft beträufeln. Anschließend im Mixer pürieren.

Das Püree in eine Schüssel geben und den inzwischen erkalteten Zuckersirup unter ständigem Rühren nach und nach dazugießen.

Die Fruchtmasse in leere Eiswürfelbehälter füllen, erst danach die Einsätze hineindrücken und für mindestens 3 Stunden ins Gefrierfach stellen. Nach dieser Zeit die Würfel aus dem Behälter nehmen und erneut im Mixer pürieren. Das Fruchtpüree in eine Schüssel geben und nochmals für 30 Minuten ins Gefrierfach stellen. Zum Servieren Kugeln ausstechen und das Sorbet in gekühlte Gläser füllen.

Carpaccio di frutta con gelato alla vaniglia

Früchte-Carpaccio mit Vanilleeis

Für 4–6 Personen

Für das Eis:
150 ml Sahne
150 ml Milch
4 Eigelb
30 g Zucker
das Mark einer Vanilleschote
Außerdem:
Früchte der Saison: Ananas, Apfel, Birne, Pfirsich

Zubereitung: ca. 40 Minuten plus 4–6 Stunden Gefrierzeit

Milch und Sahne zusammen in einem Topf aufkochen, das Vanillemark dazugeben. Vom Feuer nehmen. Eigelbe und Zucker in einer Metallschüssel verrühren. Die heiße Milch-Sahne-Mischung langsam zur Eigelb-Zucker-Mischung gießen. Dabei ständig rühren, damit das Eigelb nicht gerinnt.

Einen Topf, in den die Metallschüssel so eben hineinpasst, mit heißem Wasser füllen und das Wasser bis zum Kochen bringen und dann die Hitze reduzieren. Die Metallschüssel in den Topf über das Wasser geben, der Schüsselboden darf das heiße Wasser aber nicht berühren! Die Milch-Ei-Mischung nun über dem heißen Wasser so lange rühren, bis sie zu einer Creme andickt.

Die Schüssel in kaltes Wasser stellen und weiterrühren, bis die Creme erkaltet ist. In ein Gefäß füllen und für 4–6 Stunden ins Gefrierfach stellen. 5–10 Minuten vor dem Servieren aus dem Gefrierfach nehmen.

Die Früchte in hauchdünne Scheiben schneiden und diese überlappend auf kleinen Tellern mit einer Kugel Eis hübsch anrichten; sofort servieren.

Pasticcini di albicocche

Aprikosenschnitten

Für 20–25 Schnitten

500 g schöne, reife Aprikosen
Zucker (nach Gewicht der gekochten Aprikosenmasse)
1 Gläschen Aprikosenschnaps
1 EL Öl
Puderzucker zum Bestauben

Zubereitung: 2 ½ Stunden plus 48 Stunden zum Festwerden

Die Früchte waschen, halbieren und in Stücke schneiden. In einem Topf mit zwei Esslöffeln Wasser in 15 Minuten weich kochen. Durch ein Sieb oder Passiergerät streichen und in eine Schüssel geben, die zuvor gewogen wurde. Nun nochmals wiegen, um das Gewicht der Fruchtmasse zu ermitteln, und die gleiche Menge Zucker hinzufügen.

Alles in einen Topf füllen, umrühren und bei schwacher Hitze 1 Stunde einkochen lassen, bis die Fruchtmasse dicklich ist. Danach auf die Herdplatte einen Metalluntersatz geben und die Fruchtmasse weitere 30 Minuten bei geringster Hitzezufuhr quellen lassen. Vom Herd nehmen und den Aprikosenschnaps darunterrühren.

Ein Backblech mit Öl ausstreichen, die Fruchtmasse daraufgießen – sie soll ein bis zwei Zentimeter hoch stehen – und 48 Stunden an einem trockenen Ort aufbewahren, bis sie fest wird. Nach dieser Zeit den Backofen 5 Minuten anheizen, wieder abstellen und das Blech mit der Fruchtmasse weitere 30 Minuten darin trocknen lassen. In Rauten schneiden und mit Puderzucker bestauben. Kalt servieren.

Die Aprikosenschnitten halten sich in einer fest verschlossenen Metalldose an einem trockenen Ort monatelang.

Zabaione
Warmer Marsala-Weinschaum mit Espresso

Für 2 Personen

4 große Eigelb
2 EL Zucker
1 große Prise Mehl
2 EL frisch zubereiteter Espresso
1 TL Milch
60 ml trockener Marsala

Zubereitung: 30 Minuten

Für das Wasserbad einen mittelgroßen Topf 3 cm hoch mit Wasser füllen und das Wasser zum Kochen bringen.

In einer Metallschüssel Eigelb, Zucker und Mehl mit einem Schneebesen verquirlen. Die Schüssel über das simmernde Wasser setzen, ohne dass die Schüssel das Wasser berührt. Die Masse weiter mit dem Schneebesen schlagen, bis sich der Zucker auflöst und die Mischung nach etwa 5 Minuten eindickt. Espresso, Milch und Marsala hinzufügen und noch etwa 5 Minuten schlagen, bis man einen dicken und zugleich lockeren Schaum erhält. Etwa 10 Minuten abkühlen lassen; dabei gelegentlich rühren. Den lauwarmen Weinschaum in zwei Dessertschalen füllen und sofort servieren.

Tiramisù al mascarpone
Tiramisu

Für 4–6 Personen

4 Eigelb
5 EL Zucker
500 g Mascarpone
1 Gläschen Amaretto
1 Tasse starker Espresso
2 Eiweiß + 1 Prise Salz
300 g Löffelbiskuits
Kakaopulver

Zubereitung: 40 Minuten plus 2 Stunden Kühlzeit

Das Eigelb mit dem Zucker dickschaumig schlagen. Den Mascarpone hinzufügen und sorgfältig mit der Eigelbmasse vermischen. 2–3 EL Amaretto darunterrühren. Das Eiweiß mit der Prise Salz sehr steif schlagen und vorsichtig unter die Creme heben.

Den Espresso in eine kleine Schüssel gießen, nach Geschmack zuckern, mit 2–3 EL Wasser verdünnen und mit 2 EL Amaretto (oder mehr!) aromatisieren. Die Löffelbiskuits einzeln kurz hineintauchen und den Boden einer flachen rechteckigen Auflaufform damit auslegen. Die Hälfte der Creme darauffüllen, glatt streichen. Wieder eine Lage getränkter Löffelbiskuits darüberlegen, mit der restlichen Creme abschließen, erneut glatt streichen.

Für 2 Stunden in den Kühlschrank stellen. Erst kurz vor dem Servieren eine dicke Schicht Kakao darüberstreuen.

Frittelle di riso

Cristinas Reisküchlein

Für 4 Personen

500 g Risottoreis, am besten Arborio, sagt Cristina
1 ½ l Milch
200 g Mehl
100 g Zucker + 1 Päckchen Vanillezucker
150 g Sultaninen
2 Eier
geriebene Schale von 1 unbehandelten Zitrone
1 EL Butter
1 Gläschen Limoncello
Olivenöl zum Ausbacken

Zubereitung: 40 Minuten

Den Reis in der Milch al dente garen. Abkühlen lassen. In den noch leicht lauwarmen Reis das Mehl sieben und unterrühren. Die Eier verquirlen und zusammen mit dem Zucker, dem Vanillezucker und den Sultaninen in den Reis rühren. Zum Schluss die Zitronenschale, den Likör und die Butter unterheben.

In eine beschichtete Pfanne ca. 1 cm hoch Olivenöl gießen, erhitzen und die Reismasse jeweils esslöffelweise hineinsetzen. Die Fritelle ein wenig flach drücken und goldbraun ausbacken. Portionsweise ausbacken, bis die gesamte Reismasse aufgebraucht ist. Die Fritelle schmecken heiß oder lauwarm.

Dieses Familienrezept stammt von Cristina, unserer Nachbarin während der Fotoproduktion. Sie brachte diese köstlichen Küchlein zum Probieren vorbei – schwuppdiwupp! waren sie weg. Natürlich haben wir sie nach ihrem Rezept gefragt.

500 gr
1 l 1/2
200
100
gr 150
limone

Crema e pesche
Francas Creme mit Pfirsichen

Für 4 Personen

4 Eigelb
12 TL feinster Zucker
6 gehäufte TL Mehl
½ l Milch
Schale von 1 unbehandelten Zitrone, in Streifen geschnitten (das Weiße entfernt)
4 Pfirsiche
3 EL Zucker
Saft von 1 Zitrone

Zubereitung: 30–40 Minuten plus Kühlzeit

Das Eigelb mit dem Zucker schaumig schlagen, das Mehl nach und nach dazusieben und unterheben. Die Masse in einen Topf mit schwerem Boden füllen. In einem separaten Topf die Milch erhitzen und diese unter ständigem Rühren nach und nach zur Ei-Zucker-Masse geben. Die Zitronenschale hinzufügen (Sie können sie nach Fertigstellung der Creme wieder herausnehmen, da sie hauptsächlich zum Aromatisieren dient. Sie können sie aber auch mitessen). Bei geringster Hitze die Masse in etwa 20 Minuten mit einem Schneebesen zu einer Creme rühren – Franca sagt: Immer nur in eine Richtung! Nach ca. 20 Minuten ist sie dickcremig und der Topf wird zum Abkühlen in kaltes Wasser gestellt. Hier weiterrühren, bis die Creme erkaltet ist. Bis zum Servieren die Creme abgedeckt in den Kühlschrank stellen.

Die Pfirsiche waschen, schälen und in halbmondförmige Scheiben schneiden, dabei den Kern entfernen. Mit dem Zucker und dem Zitronensaft in einer großen schweren Pfanne bei mittlerer Hitze dünsten. Abkühlen lassen und für mindestens 2 Stunden in den Kühlschrank stellen. Zum Servieren Creme und Pfirsiche schichtweise in eine Glasschüssel geben. Oder getrennt servieren und die Gäste bedienen sich selbst!

La mia cassata

Meine Cassata

Für 6 Personen

Das Originalrezept für die Cassata-Torte stammt aus Sizilien. Bei uns wird aus den Zutaten für die Creme ein Semifreddo zubereitet, also ein halbgefrorenes Dessert. Meine Cassata ist wie die sizilianische Cassata, aber ohne Teig. Wunderbar!

400 g Ricotta
50–100 g Honig (nach Geschmack)
150 g gemischte kandierte Früchte, in kleine Würfel geschnitten
80 g Pistazien, gehackt
1 Prise Zimt
30 g Schokolade (mind. 60% Kakao-Anteil), in kleinen Stücken
500 g Sahne

Zubereitung: 30–40 Minuten plus 6 Stunden Kühlzeit

Ricotta und Honig verrühren. Die kandierten Früchte, die Pistazien, den Zimt und die Schokolade dazugeben und alles gut vermischen. Die Sahne steif schlagen und vorsichtig unter die Ricotta-Masse heben. Die Masse in eine gut gekühlte Form füllen und diese in etwa 6 Stunden im Gefrierfach fest werden lassen. Zwischendurch überprüfen, dass die Früchte nicht nach unten sacken, und wenn nötig immer wieder behutsam durchrühren.

Etwa 10 Minuten vor dem Servieren aus dem Gefrierfach nehmen, damit die Cassata nicht zu hart ist. Zum Servieren mit weiteren kandierten Früchten dekorieren.

Il monte bianco

Maronencreme

Für 4–6 Personen

1 kg große Maronen (alternativ vakuumierte, bereits geschälte Maronen)
Salz
1 l Milch
2 Tütchen Vanillezucker (mit echter Vanille)
300 g Zucker
500 g Schlagsahne
50 g Butter

Zubereitung: 2 ½ Stunden plus 2–3 Stunden Kühlzeit

Die Maronen an ihrer breitesten Stelle waagerecht einschneiden, in einen großen Topf geben. Mit Wasser bedecken, eine Prise Salz hinzugeben, zum Kochen bringen und 10 Minuten kochen lassen. Abgießen, die Maronen schälen und dabei auch die braune Innenhaut entfernen. In einem anderen Topf die Milch mit dem Inhalt eines Tütchens Vanillezucker aufkochen lassen. Die Maronen in die Milch geben und etwa 40 Minuten (vielleicht auch etwas länger, sie müssen wirklich weich sein) kochen lassen, abgießen und durch eine Kartoffelpresse in eine Schüssel drücken.

Nun den Sirup zubereiten: In einem Topf 250 g Zucker, ein Glas Wasser und 1 TL Vanillezucker erhitzen, fast zum Kochen bringen, dabei ständig rühren, bis der Zucker vollständig aufgelöst ist und der Sirup dicklich wird. Die Hitze reduzieren.

Die durchgepressten Maronen, ein halbes Glas (ca. 125 ml) Sahne und die Butter zu dem Sirup geben, dabei ständig rühren. Wenn alle Zutaten sehr gründlich miteinander vermischt sind, vom Herd nehmen, etwas abkühlen lassen und in den Kühlschrank stellen.

Vor dem Servieren die Maronencreme durch die Kartoffelpresse drücken und pyramidenförmig auf einen Teller häufen. Die restliche Sahne steif schlagen, zum Schluss den übrig gebliebenen Zucker dazugeben, die Sahne in einen Spritzbeutel füllen und den Maronen-„Berg" damit dekorieren: Er soll fast ganz davon bedeckt sein. Frische Feigen passen sowohl optisch als auch geschmacklich sehr gut zum üppigen schneebedeckten Berg.

onte
bianco
Monte Bianco

Pere con gorgonzola
Birnen mit Gorgonzola

Für 4 Personen

50 g grob gehackte Walnüsse
4 Birnen, geschält, Kerngehäuse entfernt, in dünne Spalten geschnitten
125 g Gorgonzola dolce
Honig zum Beträufeln

Zubereitung: ca. 20 Minuten

Die Walnüsse in einer schweren beschichteten Pfanne in 5–6 Minuten goldbraun rösten, dabei ständig rühren. Nicht von der Pfanne weglaufen, da die Nüsse schnell zu dunkel werden können!

Die Birnenspalten auf 4 Desserttellern anrichten. Den Gorgonzola dolce zerkrümeln und gleichmäßig über den Birnen verteilen. Das Dessert mit den Walnüssen bestreuen, mit Honig beträufeln und sofort servieren.

Geröstete Walnüsse und Honig runden diese köstliche Kombination aus frischen Birnen und Gorgonzola dolce ab.

Antonella & Sergio

Ich bin zum Mittagessen bei meinen Freunden Antonella und Sergio eingeladen. In ihrem Haus geht es immer fröhlich zu und es ist voller Leben. Sie stammt zur Hälfte aus den Abruzzen, so wie ich. Von Leuten, die nicht aus dieser Region kommen, werden wir liebvoll als „stark und freundlich" bezeichnet. Als ob sich jedem Fremden nur dieser Widerspruch in sich einprägen würde, nämlich unsere nur allzu offensichtliche Halsstarrigkeit untrennbar verbunden mit unserer sprichwörtlichen Freundlichkeit. Sergio ist ein waschechter Sizilianer, worauf er natürlich mächtig stolz ist. Und ich muss sagen, dass alle wunderbaren Eigenschaften dieser Region auf ihn zutreffen, darunter auch der Sinn für Gastfreundschaft.

Eine Kollegin bringt als Geschenk eine Flasche Rotwein, was die Gastgeber ein wenig in Verlegenheit bringt, weil sie Fisch gekocht haben, noch dazu, als die Frau zu erkennen gibt, dass sie den nicht besonders mag. Kurzfristig herrscht peinliche Stille und um die Atmosphäre aufzulockern, wird beschlossen, Fisch hin oder her, die Flasche Roten sofort zu köpfen. Beim Auswickeln fällt ein Kärtchen heraus, das der Begleiter der Dame ganz langsam aufhebt in der Hoffnung, dass es so niemand bemerken wird. Er hat allerdings auf den ersten Blick gesehen, dass es ein kurzer Gruß mit den besten Wünschen für Weihnachten war, der die Flasche als recyceltes Geschenk entlarvt hätte. Und diese fast ein Jahr alte Karte stammte auch noch von den Gastgebern höchstpersönlich. Das sprichwörtliche „Wir tun mal so, als ob nichts wäre" von Antonella und Sergio, die genau wie ich alles mitbekommen haben, erspart ihren Gästen sämtliche Peinlichkeit. Meine Freunde sind wirklich feine Menschen!

Antonella und Sergio hätten die Sache natürlich ansprechen und damit das ganze Essen ruinieren können, aber das beginnt nun allen anfänglichen Widrigkeiten zum Trotz mit wundervollen Schwertfischrouladen und endet mit einem meisterhaften Apfelkuchen.

Le ricette di Antonella & Sergio:

Trofie al pesto di prezzemolo, Seite 86
Arrosticini, Seite 132
Radicchio grigliato, Seite 164
Involtini di pesce spada, Seite 150
Torta di mele, Seite 216

Torta di mele
Antonellas Apfelkuchen

Für 6 Personen

1 kg Äpfel
200 g Zucker
200 g Mehl
100 g flüssige Butter
200 ml Milch
16 g Backpulver
1 Tütchen Vanillezucker (mit echter Vanille)
Schale von ½ unbehandelten Zitrone
100 g zimmerwarme Butter
Puderzucker zum Bestauben

Zubereitung: ca. 1 ½ Stunden

Den Backofen auf 200 °C vorheizen. Eine Obstkuchen- oder Springform von 28 cm Durchmesser mit etwas Butter einfetten und mit Mehl ausstreuen.

Die Äpfel schälen, vierteln und vom Kerngehäuse befreien. Die Stücke quer in Scheiben schneiden.

Zucker und Mehl in einer großen Schüssel vermischen. 100 g flüssige Butter unterrühren. In der Zwischenzeit das Backpulver mit dem Vanillezucker in der Milch auflösen. Die Milch nach und nach in die Mehlmischung einrühren, die Zitronenschale in groben Streifen zum Aromatisieren dazugeben. 1 Stunde ziehen lassen.

Die Zitronenschale wieder herausnehmen. Die Mischung in die vorbereitete Form füllen und die Äpfel darüber verteilen. Zum Schluss die zimmerwarme Butter in Flöckchen daraufsetzen. Im heißen Ofen 30–40 Minuten backen – der Kuchen ist dann fertig, wenn ein in die Mitte eingestochenes kleines, glattes Messer beim Herausziehen sauber bleibt. Die Torta di mele noch warm servieren. Zuvor mit Puderzucker bestauben. Wer möchte, kann geschlagene Sahne dazu reichen.

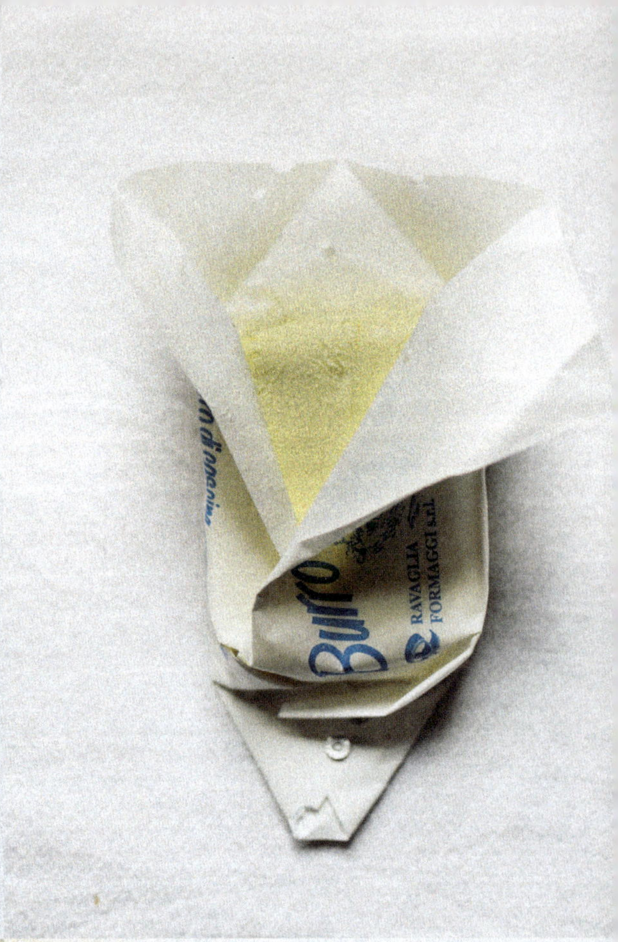
Burro
RAVAGLIA
FORMAGGI s.r.l.

W
WAMAR

PENCES

Mille Grazie ...

Tausend Dank ...

... an meine Tochter Martina, die genauso warmherzig und sanft ist wie ihre Großmutter Teresa.

... an meinen Cousin Fulvio. „Kindheit hat keine Zeit. Während die Jahre vergehen, muss man sie sich bewahren und erobern, und zwar in jedem Alter." (Emmanuel Mounier)

... an meinen Neffen Marco. „Ein Träumer ist ein Mensch, der mit beiden Beinen fest auf den Wolken steht." (Ennio Flaiano)

... an Rosina. Prächtige Menschen sind wie Freunde, nämlich selten.

... an Alvia, Franca, Antonella, Sergio, Frank und Francesco. „Kochen ist eine Form von Geben." (Michel Bourdin)

... an Jutta. Selbst besondere Menschen entstehen aus einfachen Zutaten.

... an Florentine Schwabbauer vom Christian Verlag, die die Idee zu diesem Buch hatte.

... an Cettina Vincenzino für ihr „drittes Auge".

... an Oliver Gropp und seine wunderbar scharfen japanischen Kochmesser.

Der Christian Verlag dankt Cristina Campedelli sowie Fenny und Nando Cavaliere für die Fotorequisiten und die authentische „Kulisse" ihres Landhauses in Saludecio. Und natürlich für die liebevolle Betreuung während der gesamten Fotoproduktion.

Danke an KitchenAid dafür, dass uns für die Fotoproduktion die KitchenAid Artisan in Eisblau zur Verfügung gestellt wurde.

Bruno Maccallini

Rezeptverzeichnis

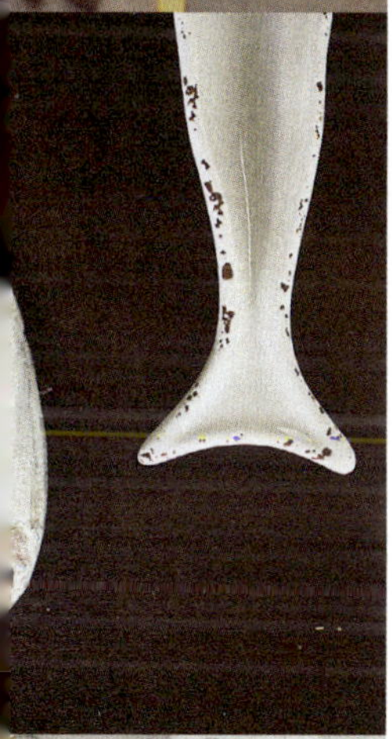

Ebenfalls erhältlich ...

ISBN 978-3-86244-091-7

ISBN 978-3-88472-948-9

ISBN 978-3-86244-136-5

ISBN 978-3-86244-030-6

CHRISTIAN

www.christian-verlag.de